신입사원 채용 대비

대우건설

직무능력검사

대우건설
직무능력검사

초판 인쇄	2023년 9월 22일
초판 발행	2023년 9월 25일

편 저 자 | 취업적성연구소
발 행 처 | ㈜서원각
등록번호 | 1999-1A-107호
주   소 | 경기도 고양시 일산서구 덕산로 88-45(가좌동)
교재주문 | 031-923-2051
팩   스 | 031-923-3815
교재문의 | 카카오톡 플러스 친구[서원각]
홈페이지 | goseowon.com

우리나라 기업들은 1960년대 이후 현재까지 비약적인 발전을 이루었다. 이렇게 급속한 성장을 이룰 수 있었던 배경에는 우리나라 국민들의 근면성 및 도전정신이 있었다. 그러나 빠르게 변화하는 세계 경제의 환경에 적응하기 위해서는 근면성과 도전정신 이외에 또 다른 성장 요인이 필요하다.

한국기업들이 지속가능한 성장을 위해서는 혁신적인 제품 및 서비스 개발, 선도 기술을 위한 R&D, 새로운 비즈니스 모델 개발, 효율적인 기업의 합병·인수, 신사업 진출 및 새로운 시장 개발 등 다양한 대안을 구축해 볼 수 있다. 하지만 이러한 대안들 역시 훌륭한 인적자원을 바탕으로 할 때에 가능하다. 최근으로 올수록 기업체들은 자신의 기업에 적합한 인재를 선발하기 위해 기존의 학벌 위주의 채용을 탈피하고 기업 고유의 인·적성검사 제도를 도입하고 있는 추세이다.

대우건설에서도 업무에 필요한 역량 및 책임감과 적응력 등을 구비한 인재를 선발하기 위하여 고유의 인·적성검사를 치르고 있다. 본서는 대우건설 채용대비를 위한 필독서로 대우건설 인·적성검사의 출제경향을 철저히 분석하여 응시자들이 보다 쉽게 시험유형을 파악하고 효율적으로 대비할 수 있도록 구성하였다.

신념을 가지고 도전하는 사람은 반드시 그 꿈을 이룰 수 있습니다. 처음에 품은 신념과 열정이 취업 성공의 그 날까지 빛바래지 않도록 서원각이 수험생 여러분을 응원합니다.

STRUCTURE

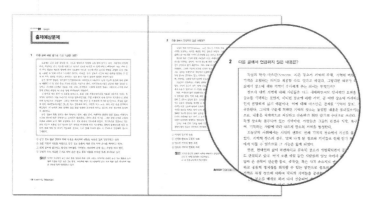

직무능력검사

적중률 높은 영역별 출제예상문제를 상세하고 꼼꼼한 해설과 함께 수록하여 학습효율을 확실하게 높였습니다.

인성검사

인성검사의 개요와 실전 인성검사로 인성검사에 대비 할 수 있습니다.

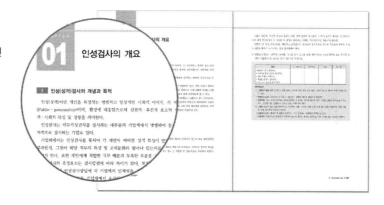

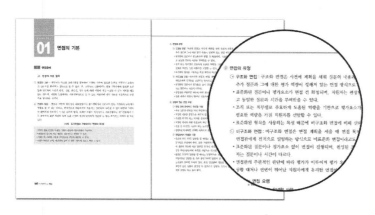

면접

면접의 기본과 대우건설 면접기출을 수록하여 취업의 마무리까지 깔끔하게 책임집니다.

CONTENTS

PART **01**

대우건설 소개

CHAPTER 01

기업소개

1 비전

Your Dream, Our Space 고객의 꿈을 실현하는 기업	
Your Dream	Our Space
• 고객이 꿈꾸는 미래의 삶 • 임직원이 희망하는 지속 가능한 기업 • 사회적 책임을 다하는 기업 • 다양한 상상이 어우러지는 미래	• 고객의 가치를 높이는 공간 • 임직원과 함께 성장하는 행복한 일터 • 인류의 번영을 위해 자연과 기술이 공존하는 환경 • 상상이 실현되는 새로운 세상

2 미션

모든 인류에게 더 나은 삶의 질을 제공할 수 있도록 건설 그 이상의 가치 있는 환경과 공간을 창조한다.

3 핵심가치

도전과 열정, 자율과, 책임, 신뢰와 협력

4 핵심전략 및 전략과제

사업 포트폴리와 최적화	핵심 사업 강화	신성장 동력 확보
조직문화 개선 및 변화관리		
• 사업 편제 최적화 • 도급사업 경쟁력 강화	• 거점시장 중심 사업확대 • Value-chain 확대	• 개발사업 경쟁력 강화 • 新 성장 사업 추진

5 경영방침

경영방침	안정적 경영 기반의 변화와 성장 실현		
실천전략	내실강화	책임경영	미래성장
	• 효율적 리스크 관리 강화 • 혁신 기반의 원가 경쟁력 제고 • 양질의 프로젝트 발굴	• 고객 만족 제고 • 안전·품질 강화 • ESG 경영 실천 • 준법경영 강화	• 핵심사업 경쟁력 강화 • 신사업·신기술 발굴 및 확보 • Value-chain 확대 • 인재·기술 경쟁력 배양

02 채용안내

1 인재상

"모든 일에 신념과 열정으로 도전하며, 스스로의 소신에 따라 맡은 바 책임을 다하는 인재"

2 핵심가치 실천 행동

① 도전과 열정

　㉠ 변화와 실패를 두려워하지 않는다 : 변화는 이제 우리의 일상이며, 실패는 성공으로 가기 위한 과정이다. 따라서 도전하기 전 철저한 준비를 통해 실패를 최소화하고, 성공적인 변화를 이루어낸다.

　㉡ 매사에 질문을 던지고 답을 찾는다 : 새로운 것, 모르는 것은 물론, 익숙한것, 아는 것에 대해서도 끊임없이 질문과 학습을 통해서 업무를 개선하고 구체화시킨다.

　㉢ 열정적으로 임한다 : 열정은 스스로 일으켜야 가장 뜨겁고 영향력이 강하다. 스스로 열정을 일으키고 동료의 열정을 일깨워 우리의 가능성을 키운다.

　㉣ 생각도 실천도 내가 먼저 한다 : '누군가 하겠지'보다 '내가 먼저 한다'라는 생각을 갖고 솔선수범하여 '나'로 인해 더 나은 '우리'가 될 수 있도록 한다.

② 자율과 책임

　㉠ 자기일의 주인이 되다 : 내 일의 주인은 나다. 스스로를 자기 일의 최종 의사 결정권자라고 생각하여 주도적으로 판단하고 능률적인 자세로 업무에 임한다.

　㉡ 권한과 책임을 적극적으로 받아들인다 : 자기 일에 최고가 된다는 신념으로 필요한 역량을 갖추고 주어진 권한과 자원을 적극 활용하여, 업무를 책임지고 완수한다.

　㉢ 기본과 원칙을 지킨다 : 소신을 가지고 자유롭게 일하되, 업무 기준과 절차, 컴플라이언스를 준수하여 자신과 회사는 물론, 가족에게 떳떳한 내가 된다.

　㉣ 시작한 일은 끝까지 마무리한다 : 회사 업무에 불필요한 일이란 없다. 작고 사소한 일이라도 시작하면 포기하지 않고 끝까지 최선의 노력을 기울여 업무를 완결 짓는다.

③ 신뢰와 협력
  ㉠ 서로를 도와 공동의 목표를 이루어낸다.
  ㉡ 너와 나보다 우리의 가치를 우선한다.
  ㉢ 상대의 생각과 입장을 이해하려고 노력한다.
  ㉣ 내가 먼저 믿음을 주는 말과 행동을 한다.

3 신입사원 채용절차

지원서 접수 〉 필기전형 〉 1차 면접전형 〉 2차 면접전형 〉 입사

4 지원서접수 방법

대우건설 채용홈페이지(https://recruit.daewooenc.com)를 통한 인터넷 접수
※ e-Mail, 우편, 방문 접수 불가

5 응시자격

① 4년제 대학 학사학위 취득/취득 예정자

② 해외여행에 결격 사유가 없는 자

③ 남자의 경우, 병역을 마쳤거나 면제된 자

④ 모집 부문 관련 자격증 소지자 우대(안전, 보건의 경우 관련 자격증 보유 필수)

⑤ 공인 어학성적(TOEIC Speaking, OPIc) 제출 필수

PART

02

직무능력검사

출제예상문제

1 다음 글에 대한 평가로 가장 적절한 것은?

> 요즘에는 낯선 곳을 찾아갈 때, 지도를 해석하며 어렵게 길을 찾지 않아도 된다. 기술력의 발달에 따라, 제공되는 공간 정보를 바탕으로 최적의 경로를 탐색할 수 있게 되었기 때문이다. 이는 어떤 곳의 위치 좌표나 지리적 형상에 대한 정보뿐만 아니라 시간에 따른 공간의 변화를 포함한 공간 정보를 이용할 수 있게 되면서 가능해진 것이다. 이처럼, 공간 정보가 시간에 따른 변화를 반영할 수 있게 된 것은 정보를 수집하고 분석하는 정보 통신 기술의 발전과 밀접한 관련이 있다.
>
> 공간 정보의 활용은 '위치정보시스템(GPS)'과 '지리정보시스템(GIS)' 등의 기술적 발전과 휴대 전화나 태블릿 PC 등 정보 통신 기기의 보급을 기반으로 한다. 위치정보시스템은 공간에 대한 정보를 수집하고 지리정보시스템은 정보를 저장, 분류, 분석한다. 이렇게 분석된 정보는 사용자의 요구에 따라 휴대 전화나 태블릿 PC 등을 통해 최적화되어 전달된다.
>
> 길 찾기를 예로 들어 이 과정을 살펴보자. 휴대 전화 애플리케이션을 이용해 사용자가 가려는 목적지를 입력하고 이동 수단으로 버스를 선택하였다면, 우선 사용자의 현재 위치가 위치정보시스템에 의해 실시간으로 수집된다. 그리고 목적지와 이동 수단 등 사용자의 요구와 실시간으로 수집된 정보에 따라 지리정보시스템은 탑승할 버스 정류장의 위치, 다양한 버스 노선, 최단 시간 등을 분석하여 제공한다. 더 나아가 교통 정체와 같은 돌발 상황과 목적지에 이르는 경로의 주변 정보까지 분석하여 제공한다.
>
> 공간 정보의 활용 범위는 계속 확대되고 있다. 예를 들어, 여행지와 관련한 공간 정보는 여행자의 요구와 선호에 따라 선별적으로 분석되어 활용된다. 나아가 유동 인구를 고려한 상권 분석과 교통의 흐름을 고려한 도시 계획 수립에도 공간 정보 활용이 가능하게 되었다. 획기적으로 발전되고 있는 첨단 기술이 적용된 공간 정보가 국가 차원의 자연재해 예측 시스템에도 활발히 활용된다면 한층 정밀한 재해 예방 및 대비가 가능해질 것이다. 이로 인해 우리의 삶도 더 편리하고 안전해질 것으로 기대된다.

① 공간 정보 활용 범위의 확대 사례를 제시하여 내용을 타당성 있게 뒷받침하고 있다.

② 전문 기관의 자료를 바탕으로 공간 정보 활용에 대한 믿을 만한 근거를 제시하고 있다.

③ 위치 정보에 접근하는 방식의 차이점을 지역별로 비교하여 균형 있는 주장을 하고 있다.

④ 구체적 수치 자료를 근거로 하여 공간 정보 활용 비율을 신뢰성 있게 제시하고 있다.

> ✅**해설** 마지막 문단에서 공간 정보 활용 범위의 확대 사례 사례로 여행지와 관련한 공간 정보 활용과 도시 계획 수립을 위한 공간 정보 활용, 자연재해 예측 시스템에서의 공간 정보 활용 등을 제시하여 내용을 타당성 있게 뒷받침하고 있다.

2 다음 글에서 언급하지 않은 내용은?

> 독일의 학자 아스만(Asmann, A)은 장소가 기억의 주체, 기억의 버팀목이 될 수도 있고, 인간의 기억을 초월하는 의미를 제공할 수도 있다고 하였다. 그렇다면 하루가 다르게 변해 가는 오늘날의 삶에서 장소에 대한 기억이 우리에게 주는 의미는 무엇인가?
>
> 장소에 대한 기억에 대해 사람들은 다소 애매하면서도 암시적인 표현을 사용한다. 이는 사람들이 장소를 기억하는 것인지, 아니면 장소에 대한 기억, 곧 어떤 장소에 자리하고 있는 기억을 말하는 것인지 분명하지 않기 때문이다. 이에 대해 아스만은 전자를 '기억의 장소', 후자를 '장소의 기억'으로 구분한다. 그녀의 구분에 의하면 기억의 장소는 동일한 내용을 불러일으키는 것을 목적으로 하는 장소로, 내용을 체계적으로 저장하고 인출하기 위한 암기의 수단으로 쓰인다. 이와 달리 장소의 기억은 특정 장소와 결부되어 있는 기억이다. 사람들은 그들의 관점과 시각, 욕구에 따라 과거를 현재화하며, 기억하는 사람에 따라 다르게 장소의 기억을 형성한다.
>
> 오늘날의 사회에서는 시대의 변화로 인해 기억의 장소에서 시선을 옮겨 장소의 기억에 주목하고 있다. 기억의 장소의 경우, 넘쳐 나게 된 정보와 지식들로 인해 암기 차원의 기억은 정보 기술 분야에서 다룰 수 있으므로 그 기능을 잃게 되었다.
>
> 한편, 현대인의 삶이 파편화되고 공유된 장소가 개별화되면서 공동체가 공유하고 있는 정체성까지도 단절되고 있다. 마치 오랜 세월 동안 사람들의 일상 속에서 과거의 기억과 삶의 정취를 고스란히 담아 온 골목이 단순한 통로, 주차장, 혹은 사적 소유지로 변해 버린 것과 같다. 이러한 단절을 극복하고 공동의 정체성을 회복할 수 있는 방안으로 중요하게 기능하는 것이 장소의 기억이다. 장소의 기억은 특정 장소에 대하여 각자의 기억들을 공유한다. 그리고 여러 시대에 걸쳐 공유해 온 장소의 기억은 장소를 매개로 하여 다시 전승되어 가며 공동의 기억과 공동의 정체성을 형성해 나간다. 개별화된 지금의 장소가 다시 공유된 장소로 회복될 때 장소의 기억이 공유될 수 있다. 또 이를 통해 우리의 파편화된 삶은 다시 그 조각들을 맞추어 나갈 수 있게 될 것이다. 장소의 공유 안에서 단절되었던 공동체적 정체성도 전승되어 가는 것이다.
>
> 장소는 오래 전의 기억을 현재 시점으로 불러올 수 있는 중요한 수단이다. 이제는 시간의 흔적이 겹겹이 쌓인 장소의 기억에서 과거와의 유대를 활성화해 나갈 시점이다.

① '기억의 장소'의 특징
② '기억의 장소'의 구체적 사례
③ '장소의 기억'의 형성 과정
④ '장소의 기억'의 현대적 가치

> **✔해설** '기억의 장소'의 구체적 사례에 대해서는 언급되지 않았다.
> ①③ 두 번째 문단에서 언급하였다.
> ④ 네 번째 문단에서 언급하였다.

Answer 1.① 2.②

3 다음 강연자의 의도로 가장 적절한 것은?

> ‘공감뉴런’에 대해 들어 보셨습니까? 최근 뇌과학 분야의 한 연구팀이 ‘거울신경세포’를 발견하여 학계에 큰 충격을 주었는데요. ‘공감뉴런’이라고도 불리는 이 ‘거울신경세포’는 상대방의 생각이나 행동을 마치 자신의 것인 양 이해할 수 있도록 돕습니다. 이 세포의 발견은 인간이 근본적으로 공감하는 능력을 지닌 존재라는 것을 보여 줍니다.
>
> 이때의 공감은 단순히 ‘나는 너의 고통을 이해한다.’는 개념적 추리가 아니라 직접적인 시뮬레이션을 통해 느낌으로 이해하는 것을 말합니다. 예를 들어, 무릎에 상처가 나 울고 있는 아이의 사진을 보고 있다고 가정해 볼까요? 관찰자는 자신이 다친 것이 아닌데도 마치 자신이 그 따갑고 쓰라린 고통을 느끼는 것처럼 얼굴 표정을 찡그리거나 불편한 기분을 느낍니다. 이는 뇌의 ‘공감뉴런’이 아이가 받았을 신체적 고통을 시뮬레이션하기 때문입니다. 관찰자는 아이가 느끼는 것을 거울처럼 그대로 느껴 그 기분을 알 수 있게 됩니다.
>
> 공감능력은 감수성이 예민하고 동정심이 많은 일부 사람들에게 국한된 것이 아닙니다. 우리 모두에게 내재된 능력입니다. 사회에 적응하기 위해 필요하니까 어쩔 수 없이 공감
> 해야 한다는 태도가 아니라 공감능력을 타고난 존재로 자신을 새롭게 인식할 필요가 있습니다.

① 공감능력을 인간의 본성으로 인식할 필요가 있다.
② 공감능력을 학습하기 위해서 개념적 추리가 필요하다.
③ 뇌과학 분야의 새로운 발견은 사실로 검증될 필요가 있다.
④ 자신의 고통보다 타인의 고통을 더 감각적으로 느껴야 한다.

✔해설 제시된 강연문은 공감능력에 대해 예를 들어 설명하며, 우리 모두는 공감능력을 타고난 존재임을 새롭게 인식할 필요가 있다고 언급하고 있다.

4 다음 글에서 글쓴이가 제시한 근거로 적절하지 않은 것은?

> 아프리카 중부에서는 콜탄(coltan)이라는 광물이 많이 생산된다. 콜탄을 정련하면 나오는 금속 분말 '탄탈룸'은 휴대전화를 만들 때 없어서는 안 되는 중요한 소재이다. 콜탄은 휴대전화 외에 노트북과 제트 엔진, 광섬유 등의 원료로도 널리 쓰이면서 귀하신 몸이 되었다. 전 세계 첨단 기기 시장에서 탄탈룸의 수요가 급증했고, 불과 몇 달 사이에 콜탄 가격이 20배나 폭등하는 일이 벌어지기도 했다.
>
> 그런데 불행하게도 콜탄이 많이 생산되는 지역은 지금 전쟁 중이다. 전쟁을 벌이는 반정부군은 콜탄을 암시장에 팔아서 전쟁 자금을 마련한다. 값비싼 콜탄 덕에 전쟁 자금이 넉넉하다 보니 내전은 쉽게 끝나지 않고, 이 과정에서 많은 사람이 다치거나 죽어 가고 있다.
>
> 광산에서 일하는 인부들도 착취당하고 있다. 이들에게 주어지는 장비는 삽 한 자루뿐이다. 그 밖에 사고를 예방할 아무런 장비도 갖추어져 있지 않다. 갱도 붕괴 사고가 자주 일어나는데, 인부 백여 명이 한꺼번에 사망한 적도 있다. 그런데도 콜탄 가격이 수십 배나 뛰는 것을 목격한 농부들은 농사 짓던 땅을 버리고 일확천금을 꿈꾸며 광산으로 모여든다. 하지만 아무리 뼈 빠지게 일해도 그들에게 돌아가는 몫은 쥐꼬리만 한 일당뿐이다. 힘 있는 중개상들이 막대한 이윤을 가로채고 있기 때문이다.
>
> 콜탄은 세계 문화유산 가운데 하나인 '카후지-비에가(Kahuzi-Biega) 국립공원'도 파괴하고 있다. 광부들은 에코 나무의 껍질을 벗기고 줄기에 홈통을 만든 뒤, 이것을 이용하여 진흙에서 콜탄을 골라내고 있다. 휴화산 두 개로 둘러싸여 장관을 이루던 공원의 숲은 이 작업 때문에 황폐해졌다.
>
> 키후지 비에기 국립공원은 지구상에 남아 있는 고릴라의 마지막 시식지이다. 고릴라는 진 세계에서 심각한 멸종 위기를 맞고 있는 동물이다. 그런데 이곳에 엄청난 양의 콜탄이 묻혀 있다는 소식을 듣고 몰려든 수만 명의 사람들은 먹을 것을 구하기 위해 산속에 있는 야생 동물들을 마구잡이로 사냥해 버렸다. 그나마 얼마 남지 않은 고릴라들은 사람을 피해 도망다니는 처량한 신세가 되고 말았다.
>
> 지금 당신이 쓰고 있는 휴대전화는 몇 살이나 되었는가? 아직 멀쩡한 휴대전화를 놔두고 사람들이 최신형 휴대전화를 기웃거리는 동안, 아프리카에서는 고릴라가 보금자리를 잃고, 순박한 원주민들은 계속되는 전쟁으로 목숨을 위협받고 있다. 우리가 휴대전화를 오랫동안 소중하게 사용하는 일은 단지 통신비를 아끼고 물자를 절약하는 차원에서 그치는 일이 아니다. 지구 반대편에서 살아가는 고릴라와 원주민의 소중한 생명을 보호하는 거룩한 일이다. 나아가 지구촌에 평화가 찾아들게 하는 위대한 일이기도 하다.

① 콜탄 때문에 아프리카 중부 지역의 내전이 쉽게 끝나지 않고 있다.
② 콜탄 때문에 농부들은 농사짓던 땅을 빼앗기고 있다.
③ 광부들이 부당한 대우를 받으며 노동력을 착취당하고 있다.
④ 콜탄으로 인해 '카후지-비에가 국립공원'이 파괴되고 있다.

✔ **해설** ② 세 번째 문단을 보면 콜탄 가격이 수십 배나 뛰는 것을 목격한 농부들은 농사짓던 땅을 버리고 일확천금을 꿈꾸며 광산으로 모여든다고 언급하고 있다. 즉, 농부들은 농사짓던 땅을 빼앗기는 것이 아니라 스스로 땅을 버리고 광산으로 떠난 것이다.

Answer 3.① 4.②

5 다음 글에서 답을 확인하기 어려운 질문은?

전 지구적인 해수의 연직 순환은 해수의 밀도 차이에 의해 발생한다. 바닷물은 온도가 낮고 염분 농도가 높아질수록 밀도가 높아져 아래로 가라앉는다. 이 때문에 북대서양의 차갑고 염분 농도가 높은 바닷물은 심층수를 이루며 적도로 천천히 이동한다.

그런데 지구 온난화로 인해 북반구의 고위도 지역의 강수량이 증가하고 극지방의 빙하가 녹은 물이 대량으로 바다에 유입되면 어떻게 될까? 북대서양의 염분 농도가 감소하여 바닷물이 가라앉지 못하는 일이 벌어질 수 있다. 과학자들은 컴퓨터 시뮬레이션을 통해 차가운 북대서양 바닷물에 빙하가 녹은 물이 초당 십만 톤 이상 들어오면 전 지구적인 해수의 연직 순환이 느려져 지구의 기후가 변화한다는 사실을 알아냈다.

더 나아가 과학자들은 유공충 화석을 통해서 이러한 시뮬레이션 결과를 입증하는 실제 증거를 찾을 수 있었다. 바다 퇴적물에는 유공충 화석이 들어 있는데, 이 화석의 껍질에는 유공충이 살았던 당시 바닷물의 상태를 보여 주는 물질이 포함되어 있다. 이를 분석해 보면 과거에 북대서양의 바닷물이 얼마나 깊이 가라앉았는지, 얼마나 멀리 퍼져 나갔는지를 알 수 있다. 이로써 과학자들은 그동안 전 지구적인 해수의 연직 순환이 느려지거나 빨라지는 일이 여러 차례 일어났다는 것을 알아냈다. 또 신드리아스 기(약 13,000년 전에 있었던 혹한기)의 원인이 전 지구적인 해수의 연직 순환 이상이었음을 알아냈다.

우려할 만한 일은 최근 수십 년 동안 지구 온난화로 인해 북대서양 극지방 바닷물의 염분 농도가 낮아지고 있다는 것이다. 특히 지난 10년 동안 염분 농도가 많이 낮아졌다고 한다.

① 지구 온난화가 발생하는 원인은?
② 유공충의 화석을 탐구한 이유는?
③ 신드리아스 기가 생기게 된 원인은?
④ 바닷물의 밀도에 영향을 주는 것은?

✔해설 제시된 글에서 지구 온난화가 발생하는 원인에 대한 답은 확인할 수 없다.
　② 과학자들은 유공충 화석을 통해서 차가운 북대서양 바닷물에 빙하가 녹은 물이 초당 십만 톤 이상 들어오면 전 지구적인 해수의 연직 순환이 느려져 지구의 기후가 변화한다는 컴퓨터 시뮬레이션 결과를 입증하는 실제 증거를 찾을 수 있었다.
　③ 신드리아스 기의 원인은 전 지구적인 해수의 연직 순환 이상이었다.
　④ 지구 온난화로 인해 북반구의 고위도 지역의 강수량이 증가하고 극지방의 빙하가 녹은 물이 대량으로 바다에 유입되면 바닷물의 밀도에 영향을 준다.

6 다음 글에 대한 이해로 적절하지 않은 것은?

유전자 변형 농작물에 대한 서로 다른 입장이 있다. 하나는 실질적 동등성을 주장하는 입장이고 다른 하나는 사전 예방 원칙을 주장하는 입장이다.

㉠실질적 동등성의 입장에서는 미세 조작으로 종이나 속이 다른 생물의 유전자를 한 생물에 집어 넣어 활동하게 하는 유전자 재조합 방식으로 만들어진 농작물이 기존의 품종 개량 방식인 육종으로 만들어진 농작물과 같다고 본다. 육종은 생물의 암수를 교잡하는 방식으로 품종을 개량하는 것인데, 유전자 재조합은 육종을 단기간에 실시한 것에 불과하다는 것이다. 따라서 육종 농작물이 안전하기 때문에 육종을 단기간에 실시한 유전자 변형 농작물도 안전하며, 그것의 재배와 유통에도 문제가 없다는 것이 그들의 주장이다.

㉡사전 예방 원칙의 입장에서는 유전자 변형 농작물은 유전자 재조합이라는 신기술로 만들어진 완전히 새로운 농작물로 육종 농작물과는 엄연히 다르다고 본다. 육종은 오랜 기간 동안 동종 또는 유사 종 사이의 교배를 통해 이루어지는 데 반해, 유전자 변형은 아주 짧은 기간에 종의 경계를 넘어 유전자를 직접 조작하는 방식으로 이루어지기 때문에 서로 다르다는 것이다. 그리고 안전성에 대한 과학적 증명도 아직 제대로 이루어지지 못했기 때문에 안전성이 증명될 때까지 유전자 변형 농작물의 재배와 유통이 금지되어야 한다고 주장한다.

유전자 변형 농작물이 인류의 식량 문제를 해결해 줄 수도 있다. 그렇지만 그것의 안전성에 대한 의문이 완전히 해소된 것은 아니다. 따라서 유전자 변형 농작물에 대해 관심을 가지고 보나 현실적인 대비책을 고민해야 한다.

① ㉠과 ㉡은 유전자 변형 농작물의 성격을 두고 상반된 주장을 하고 있군.
② ㉠과 ㉡은 모두 유전자 변형 농작물의 유통을 위해서는 안전성이 확보되어야 한다고 보는군.
③ ㉠은 유전자 변형 농작물과 육종 농작물이 모두 안전하다고 생각하는군.
④ ㉡은 육종 농작물과 유전자 변형 농작물에 유전자 재조합 방식이 적용된다고 주장하고 있군.

✔해설 ④ ㉡은 육종은 오랜 기간 동안 동종 또는 유사 종 사이의 교배를 통해 이루어지는 데 반해, 유전자 변형은 아주 짧은 기간에 종의 경계를 넘어 유전자를 직접 조작하는 방식으로 이루어지기 때문에 서로 다르다고 주장한다. 즉, 유전자 변형 농작물에만 유전자 재조합 방식이 적용된다고 주장하는 것이다.

7 다음 글에 대한 이해로 가장 적절하지 않은 것은?

언젠가부터 사람들은 어느 집단에서 얼굴이 가장 예쁜 사람을 가리켜 '얼짱'이라고 부르고 있다. 그런데 이 '얼짱'은 유행어처럼 보인다. 생긴 지도 그리 오래되지 않았고, 언제 사라질지도 알 수 없다. 게다가 젊은이들 사이에서 주로 쓰일 뿐이다. 그러나 속단은 금물이다. 차근차근 따져 볼 일이다.

우선 '얼짱'이 일시적 유행어인지 아닌지 주의 깊게 들여다 볼 필요가 있다. '얼짱'은 인터넷을 통해 급속히 퍼진 말이긴 하다. 하지만 보통의 유행어처럼 단기간 내에 사라지지 않았을 뿐 아니라 현재까지도 잦은 빈도로 사용되고 있고 앞으로도 상당 기간 사용될 것으로 예측된다. 한 뉴스 검색 사이트에 따르면 '얼짱'은 2001년에 처음 나타난 이후 2003년 302건, 2004년 1,865건, 2005년 930건의 사용 빈도를 보이고 있다. 이와 같은 사용 빈도는 '얼짱'이 일시적 유행어와는 현저히 다름을 보여 준다.

'얼짱'은 젊은이들이나 쓰는 속어인 데다가 조어 방식에도 문제가 있다고 흠을 잡을지도 모르겠다. '얼짱'이 주로 젊은 층에서 쓰는 속어임에는 틀림없다. 그러나 국어사전에 표준적이고 품위 있는 말만 실어야 한다고 생각한다면 그것은 커다란 오해다. 국어사전에는 속어는 물론, 욕설과 같은 비어나 범죄자들이 쓰는 은어까지도 올라와 있다. 사전은 일정 빈도 이상 나타나는 말이라면 무슨 말이든 다 수용할 수 있다.

다만 '얼짱'의 조어 방식에 문제가 있다는 지적은 음미해 볼 만하다. 이것은 '축구 협회'가 '축협'이 될 수 있는 것과 확연히 대비된다. 한자어는 음절 하나하나가 모두 형태소의 지위를 가지므로 '축구'와 '협회'에서 '축'과 '협'을 각각 떼어 내도 핵심 의미가 훼손되지 않지만, 고유어 '얼굴'은 더 쪼갤 수 없는 하나의 형태소이어서 '얼'만으로는 아무 의미를 가질 수 없다. 따라서 '얼짱'은 전통적 조어 규칙에서 벗어난 말이라 할 수 있다. 이런 일탈 현상은 원칙적으로 바람직하지 않다.

그럼에도 '얼짱'이 언어 현실로 자리 잡은 엄연한 사실을 무시해 버릴 수는 없다. 이를 무시하고 조어 규칙 위반을 이유로 '얼짱'을 사전에서 내몬다면, 한 시대를 풍미한 중요 단어를 한국어 어휘에서 지우는 우(愚)를 범하게 될 것이다. 사전에 이 말을 잘 갈무리해 두면 먼 훗날 우리 후손들은 '얼짱'이라는 말 속에서 그 표면적 의미 외에도 한국 사회에 만연했던 외모 지상주의도 함께 읽어 낼 터이다.

① '얼짱'은 젊은이들 사이에서 주로 쓰인다.
② '얼짱'은 인터넷을 통해 급속히 퍼진 말이다.
③ '얼짱'은 표준적이고 품위 있는 말이다.
④ '얼짱'은 국어의 전통적 조어 규칙에 어긋난다.

✔해설 ③ 세 번째 문단에서 '얼짱'은 주로 젊은 층에서 쓰는 속어임에는 틀림없다고 언급하고 있다.

8 다음 글의 내용과 일치하지 않는 것은?

> 미국 코넬 대학교 심리학과 연구 팀은 1992년 하계 올림픽 중계권을 가졌던 엔비시(NBC)의 올림픽 중계 자료를 면밀히 분석했는데, 메달 수상자들이 경기 종료 순간에 어떤 표정을 짓는지 감정을 분석하는 연구였다.
>
> 연구 팀은 실험 관찰자들에게 23명의 은메달 수상자와 18명의 동메달 수상자의 얼굴 표정을 보고 경기가 끝나는 순간에 이들의 감정이 '비통'에 가까운지 '환희'에 가까운지 10점 만점으로 평정하게 했다. 또한 경기가 끝난 후, 시상식에서 선수들이 보이는 감정을 동일한 방법으로 평정하게 했다. 시상식에서 보이는 감정을 평정하기 위해 은메달 수상자 20명과 동메달 수상자 15명의 시상식 장면을 분석하게 했다.
>
> 분석 결과, 경기가 종료되고 메달 색깔이 결정되는 순간 동메달 수상자의 행복 점수는 10점 만점에 7.1로 나타났다. 비통보다는 환희에 더 가까운 점수였다. 그러나 은메달 수상자의 행복 점수는 고작 4.8로 평정되었다. 환희와 거리가 먼 감정 표현이었다. 객관적인 성취의 크기로 보자면 은메달 수상자가 동메달 수상자보다 더 큰 성취를 이룬 것이 분명하다. 그러나 은메달 수상자와 동메달 수상자가 주관적으로 경험한 성취의 크기는 이와 반대로 나왔다. 시상식에서도 이들의 감정 표현은 역전되지 않았다. 동메달 수상자의 행복 점수는 5.7이었지만 은메달 수상자는 4.3에 그쳤다.
>
> 왜 은메달 수상자가 3위인 동메달 수상자보다 결과를 더 만족스럽게 느끼지 못하는가? 이는 선수들이 자신이 거둔 객관적인 성취를 가상의 성취와 비교하여 주관적으로 해석했기 때문이다. 은메달 수상자들에게 그 가상의 성취는 당연히 금메달이었다.
>
> 최고 도달점인 금메달과 비교한 은메달의 주관적 성취의 크기는 선수 입장에서는 실망스러운 것이다. 반면 동메달 수상자들이 비교한 가상의 성취는 '노메달'이었다. 까딱 잘못했으면 4위에 그칠 뻔했기 때문에 동메달의 주관적 성취의 가치는 은메달의 행복 점수를 뛰어넘을 수밖에 없다.

① 연구 팀은 선수들의 표정을 통해 감정을 분석하였다.

② 연구 팀은 경기가 끝나는 순간과 시상식에서 선수들이 보이는 감정을 동일한 방법으로 평정하였다.

③ 경기가 끝나는 순간 동메달 수상자는 비통보다는 환희에 더 가까운 행복 점수를 보였다.

④ 동메달 수상자와 은메달 수상자가 주관적으로 경험한 성취의 크기는 동일하게 나타났다.

> ✔해설 ④ 세 번째 문단을 보면 객관적인 성취의 크기로 보자면 은메달 수상자가 동메달 수상자보다 더 큰 성취를 이룬 것이 분명하나, 은메달 수상자와 동메달 수상자가 주관적으로 경험한 성취의 크기는 이와 반대로 나왔다고 언급하고 있다. 따라서 주관적으로 경험한 성취의 크기는 동메달 수상자가 은메달 수상자보다 더 큰 것을 알 수 있다.

Answer 7.③ 8.④

9　빅데이터에 대한 이해로 적절하지 않은 것은?

> 　　빅데이터는 그 규모가 매우 큰 데이터를 말하는데, 이는 단순히 데이터의 양이 매우 많다는 것뿐 아니라 데이터의 복잡성이 매우 높다는 의미도 내포되어 있다. 데이터의 복잡성이 높다는 말은 데이터의 구성 항목이 많고 그 항목들의 연결 고리가 함께 수록되어 있다는 것을 의미한다. 데이터의 복잡성이 높으면 다양한 파생 정보를 끌어낼 수 있다. 데이터로부터 정보를 추출할 때에는, 구성 항목을 독립적으로 이용하기도 하고, 두 개 이상의 항목들의 연관성을 이용하기도 한다. 일반적으로 구성 항목이 많은 데이터는 한 번에 얻기 어렵다. 이런 경우에는, 따로 수집되었지만 연결 고리가 있는 여러 종류의 데이터들을 연결하여 사용한다.
> 　　가령 한 집단의 구성원의 몸무게와 키의 데이터가 있다면, 각 항목에 대한 구성원의 평균 몸무게, 평균 키 등의 정보뿐만 아니라 몸무게와 키의 관계를 이용해 평균 비만도 같은 파생 정보도 얻을 수 있다. 이때는 반드시 몸무게와 키의 값이 동일인의 것이어야 하는 연결 고리가 있어야 한다. 여기에다 구성원들의 교통 카드 이용 데이터를 따로 얻을 수 있다면, 이것을 교통 카드의 사용자 정보를 이용해 사용자의 몸무게와 키의 데이터를 연결할 수 있다. 이렇게 연결된 데이터 세트를 통해 비만도와 대중교통의 이용 빈도 간의 파생 정보를 추출할 수 있다. 연결할 수 있는 데이터가 많을수록 얻을 수 있는 파생 정보도 늘어난다.

① 빅데이터 구성 항목을 독립적으로 이용하여 정보를 추출하기도 한다.
② 빅데이터를 구성하는 데이터의 양은 매우 많다.
③ 빅데이터를 구성하는 데이터의 복잡성은 매우 높다.
④ 빅데이터에서는 파생 정보를 얻을 수 없다.

> ✔해설　빅데이터는 데이터의 양이 매우 많을 뿐 아니라 데이터의 복잡성이 매우 높다. 데이터의 복잡성이 높으면 다양한 파생 정보를 끌어낼 수 있다. 즉, 빅데이터에서는 파생 정보를 얻을 수 있다.

10 다음 중 '속물효과'의 사례로 적절한 것은?

> 사람들은 상호의존적인 성격을 가지고 있어 어떤 사람의 소비가 다른 사람의 소비에 영향을 받는 경우를 종종 볼 수 있다. 예를 들어 친구들이 어떤 게임기를 사자 자신도 그 게임기를 사겠다고 결심하는 경우가 그것이다. 이와 같이 어떤 사람의 소비가 다른 사람의 소비에 의해 영향을 받을 때 '네트워크 효과'가 있다고 말한다. 그 상품을 쓰는 사람들이 일종의 네트워크를 형성해 다른 사람의 소비에 영향을 준다는 뜻에서 이런 이름이 붙었다. 이 네트워크 효과의 대표적인 것으로 '유행효과'와 '속물효과'가 있다.
>
> 어떤 사람들이 특정 옷을 입으면 마치 유행처럼 주변 사람들도 이 옷을 따라 입는 경우가 있다. 이처럼 다른 사람의 영향을 받아 상품을 사는 것을 '유행효과'라고 부른다. 유행효과는 일반적으로 특정 상품에 대한 수요가 예측보다 더 늘어나는 현상을 설명해 준다. 예를 들어 옷의 가격이 4만 원일 때 5천 벌의 수요가 있고, 3만 원일 때 6천 벌의 수요가 있다고 하자. 그런데 유행효과가 있으면 늘어난 소비자의 수에 영향을 받아 새로운 소비가 창출되게 된다. 그래서 가격이 3만 원으로 떨어지면 수요가 6천 벌이 되어야 하지만 실제로는 8천 벌로 늘어나게 된다.
>
> 반면에, 특정 상품을 다른 사람들이 소비하면 어떤 사람들은 그 상품의 소비를 중단하는 경우가 있다. 자신들만이 그 상품을 소비할 수 있다는 심리적 만족감을 채울 수 없기 때문이다. 이처럼 어떤 상품을 소비하는 사람의 수가 증가함에 따라 그 상품을 사지 않는 것을 '속물효과'라고 부른다. 속물효과는 일반적으로 특정 상품에 대한 수요가 예측과는 달리 줄어드는 현상을 설명해 준다. 예를 들어 옷의 가격이 비싸 많은 사람들이 그 옷을 사지 못하는 상황에서, 가격이 떨어지면 수요가 늘어나야 한다. 그런데 속물효과가 있으면 가격이 떨어져도 소비가 예측보다 적게 늘어난다. 가격이 떨어지면서 소비하는 사람의 수가 늘어남에 따라 이에 심리적 영향을 받은 사람들이 소비를 중단하기 때문이다.
>
> 우리는 보통 다른 사람의 영향을 받지 않고 자신의 기호와 소득을 고려하여 합리적으로 소비를 결정한다고 생각한다. 그러나 현실 세계에서는 이런 생각이 빗나갈 때가 많다. 실제로는 어떤 사람의 소비가 다른 사람에 의해 영향을 받을 때가 많기 때문이다. 미국의 하비 라이벤스타인(Harvey Leibenstein)이 이론적인 기초를 세운 네트워크 효과는 이런 실제 경제 현상에 대한 우리의 이해를 돕는다는 점에서 그 의의가 있다.

① 은아는 값을 내린 단골 고급 식당에 손님이 몰리자 다른 고급 식당으로 바꿨다.

② 정현이는 자신이 차고 있던 시계를 디자인이 더 예쁜 다른 시계로 바꿨다.

③ 동원이는 자신이 타고 다니던 자동차보다 성능이 더 좋은 자동차로 바꿨다.

④ 철민이는 주위 친구들이 유명한 운동화를 신자 자신도 그 운동화로 바꿨다.

✔ **해설** ① 속물효과는 특정 상품을 다른 사람들이 소비하면 자신만이 그 상품을 소비할 수 있다는 심리적 만족감을 채울 수 없어 그 소비를 중단하는 경우를 말한다. 이런 관점에서 자신이 다니던 고급 식당이 음식 가격을 내려 손님들이 몰려오자 다른 고급 식당으로 바꾼 것은 속물효과의 사례에 해당한다.

Answer 9.④ 10.①

11 다음 글의 중심 화제로 가장 적절한 것은?

> 19세기의 역사가 〈매콜리〉는 역사학이 이성과 상상력이라는 대립되는 두 지도자의 지배를 번갈아 가며 받고 있기 때문에 진정 위대한 역사가가 되는 일이야말로 성취하기 어려운 이상이라고 설파(說破)하였다. 매콜리의 이러한 언급은 역사학에 내재하는 문학성과 과학성이 조화를 이루기 어렵다는 것을 시사한다.
>
> 과학의 시대였던 17세기의 대표적 사상가 〈데카르트〉는 역사학에 대해 부정적인 견해를 가지고 있었다. 데카르트의 견해에 따르면, 인간의 기억은 시간이 지날수록 희미해질 수밖에 없으며 역사 서술은 이러한 인간의 기억에 의존하는 것이므로 불확실하다는 것이다. 역사가들 또한 자신의 민족사를 위대하고 영광스러운 것으로 채색하고 과장하려는 속성을 지니고 있으므로 역사 서술의 사실성을 인정할 수 없다는 것이다. 언제 어느 곳에서나 변함이 없는, '명백하고 확실한' 지식을 진리의 기준으로 삼았던 데카르트에게, 특정의 시간과 장소에서 벌어지는 일을 다루는 역사학은 시공(時空)을 초월하는 진리가 될 수 없기 때문에 근거가 의심스러운 학문이었다.
>
> 고대 그리스의 위대한 역사가 〈헤로도토스〉와 〈투키디데스〉에 대한 후대의 평가가 바뀌게 된 과정은 역사 서술에서의 문학성과 과학성의 대립상을 잘 보여 준다. 헤로도토스는 페르시아 전쟁의 원인과 결과에 대해 설명하면서 신화와 전설 같은 요인을 배제하려고 노력했다. 따라서 사람들은 헤로도토스를 흔히 '역사학의 아버지'라고 일컫는다. 그런 한편 헤로도토스에게는 '거짓말쟁이의 아버지'라는 명예롭지 못한 명칭이 붙기도 했다. 이야기체 역사에 재능을 보였던 그의 글에는 여전히 허무맹랑하게 보이는 기록이 많았기 때문이다. 그런 평가를 내리는 사람들은 투키디데스야말로 '과학적 역사학의 아버지'라는 칭호를 받아 마땅하다고 주장한다. 투키디데스는 인간의 본성과 정확한 사료(史料)를 근거로 펠로폰네소스 전쟁을 분석함으로써 역사에서의 일반적 법칙을 세우려고 하였기 때문이다.
>
> 투키디데스의 역사 서술 방식은 곧 전범(典範)이 되어 많은 역사가들이 그를 모방하여 역사를 서술했다. 당시의 역사가들은 이러한 역사 서술을 통해 역사학에 대한 대중의 관심을 고조시킬 수 있으리라 생각했지만, 실제로는 반대의 방향으로 상황이 전개되었다. 전쟁의 복잡하고 미묘한 원인을 분석하고 정확하게 서술하는 일은 당시 일반 대중의 의식과는 유리되었기 때문이다. 오늘날에도 그런 일은 벌어지고 있다. 역사에 대한 대중들의 관심이 고조되어 있는 현실에도 불구하고, 역사학을 전공으로 연구하는 학자들을 제외한 다른 사람들이 그러한 대중들의 관심을 충족시켜 주고 있는 기이한 현상이 나타나고 있는 것이다.
>
> 역사의 문학성을 강조하는 사람들은 과학성을 지나치게 강조할 경우 역사학 자체가 '지식을 위한 지식'을 추구하는 학문으로 전락할 우려가 있다고 지적한다. 〈괴테〉는 '나의 행동의 폭을 넓혀 주거나 직접적으로 생기를 불어넣어 주지 못하면서 단지 지식만 전달하는 모든 것'을 증오한다고 말했다. 숨결과 혈기를 지닌 개인들이 역사를 구성하는 최소의 단위라는 부정할 수 없는 사실에 비추어 볼 때, 역사가 우리의 삶 자체를 고양시켜주기 위해서는 문학적 수사법이 특히 필요하다는 것이다.

① 대중의 역사 인식　　　　　② 역사와 문학의 관계

③ 역사학의 두 가지 성격　　　④ 그리스의 위대한 역사가

✔해설 ③ 역사학이 문학성과 과학성의 두 가지 성격을 동시에 지니고 있으며, 이를 잘 조화시켜야 한다고 하였으므로 이 글의 중심 화제는 '역사학의 두 가지 성격'이다.

12 다음 글에 대한 이해로 적절하지 않은 것은?

> 우리나라 식생활에서 특이한 것은 숟가락과 젓가락을 모두 사용한다는 점이다. 오늘날 전 세계에서 맨손으로 음식을 먹는 인구가 약 40%, 나이프와 포크로 먹는 인구가 약 30%, 젓가락을 사용하는 인구가 약 30%라 한다.
>
> 그러나 처음에는 어느 민족이나 모두 음식을 손으로 집어 먹었다. 유럽도 마찬가지였다. 동로마 제국의 비잔티움에서 10세기경부터 식탁에 등장한 포크는 16세기에 이탈리아 상류 사회로 전해져 17세기 서유럽의 식생활에 상당한 변화를 일으켰으나, 신분이나 지역에 관계없이 전 유럽에 보편화된 것은 18세기에 이르러서였다. 15세기의 예절서에 음식 먹는 손의 반대편 손으로 코를 풀라고 했던 것이나, 16세기의 사상가 몽테뉴가 너무 급하게 먹다가 종종 손가락을 깨물었다는 기록으로도 당시에 포크가 아니라 손가락을 사용하였음을 알 수 있다.
>
> 그러나 동아시아 지역에서는 손으로 음식을 먹는 일이 서양보다 훨씬 일찍 사라졌다. 손 대신에 숟가락을 쓰기 시작했고, 이어서 젓가락을 만들어 숟가락과 함께 썼던 것이다. 그런데 우리나라 고려 후기를 즈음해서 중국과 일본에서는 숟가락을 쓰지 않고 젓가락만 쓰기 시작했다.
>
> 우리는 숟가락을 사용하고 있을 뿐 아니라, 지금도 숟가락을 밥상 위에 내려놓는 것으로 식사를 마쳤음을 나타낼 정도로 숟가락은 식사 자체를 의미하였다. 유독 우리나라에서만 숟가락이 사라지지 않은 것은 음식에 물기가 많고 또 언제나 밥상에 오르는 국이 있었기 때문인 듯하다.
>
> 우리의 국은 국물을 마시는 깃도 있으나 대개는 긴더기가 많고 밥을 말아 먹는 국이다. 미역국, 된장국, 해장국 등 거의 모든 국이 그러하다. 찌개류나 '물 만 밥'도 숟가락이 필요한 음식이다. 게다가 고려 후기에는 몽고풍의 요리가 전해져 고기를 물에 넣고 삶아 그 우러난 국물과 고기를 함께 먹는 지금의 설렁탕, 곰탕이 생겨났다. 특히 국밥은 애초부터 밥을 국에 말아 놓은 것인데 이런 식생활 풍습은 전 세계에 유일한 것이라고 한다.

① 설렁탕이나 곰탕은 몽고풍의 요리에서 유래되었다.
② 이탈리아에서 포크를 먼저 사용했던 계층은 상류층이었다.
③ 중국과 일본에서는 숟가락과 젓가락을 모두 사용하던 시기가 있었다.
④ 동아시아 지역에서는 숟가락보다 젓가락을 먼저 사용하기 시작했다.

> **✓해설** ④ 세 번째 문단을 보면 동아시아 지역에서는 손 대신에 숟가락을 쓰기 시작했고, 이어서 젓가락을 만들어 숟가락과 함께 썼다고 언급하고 있다. 즉, 젓가락보다 숟가락을 먼저 사용하기 시작하였다.

13 다음 글을 통해 알 수 없는 것은?

> 컴퓨터용 한글 자판에는 세벌식 자판과 두벌식 자판이 있다. 그리고 세벌식 자판이 두벌식 자판에 비해 더 효율적이고 편리하다는 평가가 많다. 그럼에도 불구하고, 새로 컴퓨터를 사용하기 시작하는 사람이 두벌식 자판을 선택하는 이유는 기존의 컴퓨터 사용자의 대다수가 두벌식 자판을 사용하고 있다는 사실이 새로운 사용자에게 영향을 주었기 때문이다. 이렇게 어떤 제품의 사용자 또는 소비자 집단이 네트워크를 이루고, 다른 사람의 수요에 미치는 영향을 네트워크 효과 또는 '네트워크 외부성'이라고 한다.
>
> 네트워크 외부성에 영향을 미치는 요인은 세 가지 차원에서 생각해 볼 수 있다. 우선 가장 직접적인 영향을 미치는 것은 사용자 기반이다. 네트워크에 연결된 사람이 많아질수록 사용자들이 제품이나 서비스를 사용함으로써 얻게 되는 효용은 더욱 증가하고, 이로 인해 더 많은 소비자들이 그 제품을 선택하게 된다. 인터넷 지식 검색의 경우, 전체 가입자의 수가 많을수록 개별 사용자의 만족도가 높아지는 경향이 있는데, 이는 사용자 기반이 네트워크 외부성에 영향을 미치는 사례로 볼 수 있다.
>
> 둘째, 해당 재화나 서비스의 표준 달성 여부이다. 시장에 출시된 제품 중에서 한쪽이 일정 수준 이상의 사용자수를 확보해서 시장 지배적 제품으로서 표준이 되면 소비자의 선택에 중요한 영향을 주기 때문이다. 예를 들어 컴퓨터 운영 체제로서 윈도우즈는 개인용 컴퓨터(PC) 시장의 대부분을 장악하고 있는데, 개인용 컴퓨터 제조업체들이 자사 제품에 윈도우즈 로고를 붙여야 판매가 가능할 정도로 윈도우즈의 시장 지배력은 압도적이다. 이런 상황에서 컴퓨터를 구매하려는 소비자가 윈도우즈 대신 다른 운영 체제를 선택할 가능성은 매우 낮다.
>
> 마지막으로 호환성이다. 특정 브랜드의 제품이나 서비스를 사용하면서 별도의 비용 없이 다른 브랜드 제품으로 전환해서 사용할 수 있다면, 소비자의 선택에 상당한 영향을 미칠 수 있다. 예컨대 시중에 판매되는 DVD 타이틀이 서로 다른 두 가지 방식으로 제작된다고 하자. 소비자로서는 한 가지 방식만을 지원해 주는 DVD 플레이어보다는 두 가지 방식을 모두 지원하여 보다 다양한 DVD 타이틀을 볼 수 있는 DVD 플레이어를 선택하려고 할 것이다. 일반적으로 소비자는 제품의 질이나 가격에 민감하고, 이를 기준으로 제품을 선택한다고 생각한다. 하지만 네트워크 외부성은 소비자들이 가격이나 품질 이외의 요인 때문에 재화나 서비스를 선택할 수 있음을 보여준다.

① 네트워크 외부성이 있으면 재화나 서비스의 가격은 하락한다.

② 사람들이 가장 많이 사용하는 제품이 가장 편리하다고 단정할 수 없다.

③ 특정 제품의 가치는 가격이나 품질 이외의 요인에 따라 달라질 수도 있다.

④ 사용자 기반이 클수록 사용자 개인은 서비스에 대해 만족감이 커지는 경향이 있다.

> **✔해설** ② 첫째 문단에서 한글 자판의 사례를 통해 더 효율적이고 편리한 방식(세벌식 자판)이 꼭 더 많이 선택되는 것이 아님을 드러냈다.
>
> ③ 마지막 문단에서 '소비자는 제품의 질이나 가격 이외의 요인으로 인해 재화나 서비스를 선택할 수 있음'에서 확인할 수 있다.
>
> ④ 둘째 문단의 내용에서 확인할 수 있다.

14 다음 글의 내용과 일치하지 않는 것은?

인간의 삶에서 고통의 의미를 찾기 위한 질문은 계속되어 왔다. 이에 대한 철학적 해답으로 대표적인 것이 바로 변신론(辯神論)이다. 변신론이란 무고한 자의 고통이 존재함에도 불구하고 여전히 신이 정의로움을 보여주고자 하는 논리라고 할 수 있다. 이에 따르면 고통은 선을 더 두드러지게 하고 더 큰 선에 기여하므로, 부분으로서의 고통은 전체로서는 선이 된다. 응보론적 관점에서 고통을 죄의 대가로 보거나, 종교적 관점에서 고통이 영혼의 성숙을 위한 시련이라고 보는 설명들도 모두 넓게는 변신론의 일종이라고 할 수 있다.

레비나스는 20세기까지 사람들을 지배해 온 변신론적 사고가 두 차례의 세계 대전, 아우슈비츠 대학살 등 비극적인 사건들로 인해 경험적으로 이미 그 설득력을 잃었다고 본다. 죄 없는 수백만 명이 학살당하는 처참한 현실 앞에서, 선을 위한다는 논리로 고통을 정당화할 수 있는지 그는 의문을 제기한다. 그가 보기에 고통은 고통 그 자체로는 어떠한 쓸모도 없는 부정적인 것이며 고독한 경험에 불과하다. 이에 레비나스는 고통으로부터 주체의 새로운 가능성을 포착해 낸다. 그에 따르면, 일차적으로 인간은 음식, 공기, 잠, 노동, 이념 등을 즐기고 누리는 즉 '향유'하는 주체이다. 음식을 먹고 음악을 즐길 때 향유의 주체는 아무에게도 의존하지 않고 개별적으로 존재한다. 레비나스는 이 같은 존재의 틀을 어떻게 넘어설 수 있는가에 관심이 있었으며, 개별적 존재의 견고한 옹벽에 틈을 낼 수 있는 가능성을 고통에서 발견한다. 고통 받는 자는 감당할 수 없는 고통으로 인해 자연히 신음하고 울부짖게 되는데, 여기서 타인의 도움에 대한 근원적 요청이 발생한다는 것이다. 이러한 요청에 응답하여 그 사람을 위해 자신의 향유를 포기할 때, 비로소 타인에 대한 관계, 즉 인간 상호 간의 윤리적 전망이 열리게 된다. 이를 통해 인간은 '향유의 주체'를 넘어 타인을 향한 '책임의 주체'로 전환될 수 있다. 고통 받는 자가 '외부의 폭력'에 무력하게 노출된 채 나에게 도덕적 호소력으로 다가오는 윤리적 사건을 레비나스는 '타인의 얼굴'이라고 부른다. '타인의 얼굴'은 존재 자체를 통해 나에게 호소하고 윤리적 의무를 일깨운다. 나는 이러한 의무를 기꺼이 받아들이고, 그를 '환대'해야 한다. 이때 중요한 것은 타인에 대한 나의 이성적 판단이 아니라 감성이다. 타인의 호소에 직접 노출되어 흔들리고 영향을 받는 것은 감성이라고 보기 때문이다. 바로 이곳이 레비나스의 윤리학이 기존의 이성중심의 윤리학과 구분되는 지점이 된다.

① 변신론에 따르면 고통은 선에 기여한다.
② 레비나스의 윤리학에서는 감성의 역할을 중시한다.
③ 응보론적 관점에서는 고통을 죄의 대가로 이해한다.
④ 레비나스는 개별적인 존재로서 자립할 것을 주장한다.

✔해설 ④ 레비나스는 인간은 개별적으로 존재하지만, 이 같은 존재의 틀을 어떻게 넘어설 수 있는가에 관심이 있다.

Answer 13.① 14.④

15 다음 글의 서술 방식으로 적절한 것은?

우리는 TV나 신문 등을 통해 인간의 공격행동과 관련된 사건들을 흔히 접한다. 공격행동이란 타인에게 손상이나 고통을 주려는 의도와 목적을 가진 모든 행동을 의미하는데, 인간의 공격행동에 대해 심리학자들은 여러 가지 견해를 제시하였다.

프로이드(Freud)는 인간은 생존 본능을 지니고 있어서 자신의 생명을 위협 받으면 본능적으로 공격행동을 드러낸다고 설명했다. 그리고 달라드(Dollard)는 인간은 자신이 추구하는 목표를 획득하는 데에 간섭이나 방해를 받을 때, 욕구좌절을 느끼게 되고 그로 인해 공격행동을 드러낸다고 보았다. 그러나 그의 주장은 욕구좌절을 경험한 사람이라고 해서 모두 공격행동을 보이는 것은 아니며, 욕구좌절을 경험하지 않더라도 공격행동을 드러내는 경우가 있다는 점에서 한계가 있다.

그렇다면 공격행동이 일어나는 다른 이유는 없는 것일까? 이에 대해 반두라(Bandura)는 인간의 공격행동이 관찰을 통해 학습되어 나타난 것이라고 보고, 그 과정을 다음과 같이 제시하였다.

먼저 주의집중 과정에서는 타인의 공격행동을 관찰하면서 그것에 주의를 기울이게 된다. 이 과정에서는 공격행동을 관찰하게 되는 빈도가 높을수록, 관찰 대상과 연령이 비슷할수록 그와 같은 행동이 학습되기 쉽다는 특징이 있다. 다음으로 파지* 과정에서는 관찰한 공격행동을 머릿속에 기억하게 되는데, 이는 자신이 관찰한 것을 언어적 기호 또는 영상의 형태로 기억하는 인간의 인지 능력과 관련이 있다. 이 과정에서는 인지적 시연*이 공격행동에 대한 기억에 영향을 미친다. 즉 관찰한 공격행동을 실제 행동으로 옮기지 않더라도 이를 머릿속으로 그려 보는 것만으로도 기억이 오래 남게 된다. 세 번째 행동재생 과정에서는 머릿속에 저장된 공격행동을 신체적 움직임을 통해 한번 실행해 보게 된다. 즉 관찰된 공격행동을 단순히 따라 함으로써 자신의 행동과 관찰 대상의 행동을 일치시키고자 한다. 이를 위해서 파지 단계와 마찬가지로 인지적 시연이 반복되기도 한다. 마지막으로 동기부여 과정에서는 공격행동에 대한 보상이 주어지면서 다음에도 동일한 행동을 반복하게 되는 동기가 부여된다.

즉 자신의 공격행동으로 무엇인가 보상을 받을 수 있다면 공격행동을 다시 표출하게 되는 것이다. 이때 자신의 공격행동에 대해 직접 보상을 받는 경우에도 동기가 부여되지만 다른 사람이 공격행동을 한 후 보상을 받는 것에 대한 관찰에 의해서도 동기가 부여될 수 있다. 이와 같은 반두라의 견해는 인간의 공격행동이 드러나는 데에는 외부적인 요인뿐만 아니라 인간 내부의 인지적 요인도 중요하게 작용함을 보여준다는 점에서 의의가 있다.

＊ 파지 : 경험에서 얻은 정보를 유지하고 있는 작용.

＊ 인지적 시연 : 어떤 행동을 관찰한 후 이를 머릿속으로 그려 보는 것.

① 비유적 표현을 구사하여 독자들의 이해를 돕는다.
② 통념에 대한 의문을 제기하여 호기심을 유발하고 있다.
③ 상반된 이론을 비교하여 대안적 관점을 제시하고 있다.
④ 특정 행위가 나타나는 과정을 단계적으로 제시하고 있다.

✔해설 ④ 이 글의 중심화제는 반두라(Bandura)의 관찰학습 이론을 바탕으로 한 인간의 공격행동이 학습되는 과정이다. 반두라는 관찰학습 이론을 바탕으로 공격행동이 나타나는 과정을 4단계로 나누어 제시하고 있다.

16 다음 문장을 순서대로 바르게 나열한 것은?

> 홉스봄과 레인저는 오래된 것이라고 믿고 있는 전통의 대부분이 그리 멀지 않은 과거에 '발명'되었다고 주장한다. 예컨대 스코틀랜드 사람들은 킬트(kilt)를 입고 전통 의식을 치르며, 이를 대표적인 전통문화라고 믿는다.
>
> ㈎ 그러나 킬트는 1707년에 스코틀랜드가 잉글랜드에 합병된 후, 이곳에 온 한 잉글랜드 사업가에 의해 불편한 기존의 의상을 대신하여 작업복으로 만들어진 것이다.
>
> ㈏ 이때 채택된 독특한 체크무늬가 각 씨족을 대표하는 의상으로 자리를 잡게 되었다.
>
> ㈐ 킬트의 독특한 체크무늬가 각 씨족의 상징으로 자리 잡은 것은, 1822년에 영국 왕이 방문했을 때 성대한 환영 행사를 마련하면서 각 씨족장들에게 다른 무늬의 킬트를 입도록 종용하면서부터이다.
>
> ㈑ 반란 후, 영국 정부는 킬트를 입지 못하도록 했다. 그런데 일부가 몰래 집에서 킬트를 입기 시작했고, 킬트는 점차 전통 의상으로 여겨지게 되었다.
>
> ㈒ 이후 킬트는 하층민을 중심으로 유행하였지만, 1745년의 반란 전까지만 해도 전통 의상으로 여겨지지 않았다.

① ㈎㈑㈒㈏㈐

② ㈎㈑㈒㈐㈏

③ ㈎㈒㈑㈐㈏

④ ㈏㈎㈑㈒㈐

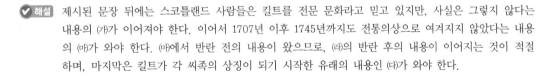 **해설** 제시된 문장 뒤에는 스코틀랜드 사람들은 킬트를 전문 문화라고 믿고 있지만, 사실은 그렇지 않다는 내용의 ㈎가 이어져야 한다. 이어서 1707년 이후 1745년까지도 전통의상으로 여겨지지 않았다는 내용의 ㈒가 와야 한다. ㈒에서 반란 전의 내용이 왔으므로, ㈑의 반란 후의 내용이 이어지는 것이 적절하며, 마지막은 킬트가 각 씨족의 상징이 되기 시작한 유래의 내용인 ㈐가 와야 한다.

Answer 15.④ 16.③

17 다음 글의 내용과 일치하지 않는 것은?

전등 빛이나 특수한 조명 아래에서 본 물체의 색이 자연광 아래에서 다시 보면 다른 색으로 보이기도 한다. 이것은 우리 눈이 색을 인식하는 능력이 어두운 곳과 밝은 곳에서 큰 차이를 보이기 때문이다. 이처럼 사람의 눈은 빛이 있어야 물체를 볼 수 있다. 눈은 명암과 색을 구별할 뿐만 아니라 멀고 가까움을 알 수 있으며 입체감도 느낄 수 있다. 또한 주위 환경의 밝기에 따라 눈 안으로 들어오는 빛의 양을 조절할 수도 있고 가까운 물체를 보다가도 먼 곳의 물체를 볼 수 있는 조절 능력을 가지고 있다.

사람의 눈은 지름 약 2.3㎝의 크기로 앞쪽이 볼록 튀어나온 공처럼 생겼으며 탄력이 있다 .눈의 가장 바깥 부분은 흰색의 공막이 싸고 있으며 그 안쪽에 검은색의 맥락막이 있어 눈동자를 통해서만 빛이 들어가도록 되어 있다. 눈의 앞쪽은 투명한 각막으로 되어있는데, 빛은 이 각막을 통과하여 그 안쪽에 있는 렌즈 모양의 수정체에 의해 굴절되어 초점이 맞추어져 망막에 상을 맺는다. 이 망막에는 빛의 자극을 받아들이는 시신경세포가 있다.

이 시신경세포는 원뿔 모양의 '원추세포'와 간상세포(桿狀細胞)로도 불리는 막대 모양의 '막대세포'라는 두 종류로 이루어진다. 원추세포는 눈조리개의 초점 부근 좁은 영역에 주로 분포되어 있으며, 그 세포 수는 막대세포에 비해 매우 적다. 이에 반해 막대세포는 망막 전체에 걸쳐 분포되어 있고 그 세포 수는 원추세포에 비해 매우 많다. 원추세포와 막대세포는 각각 다른 색깔의 빛에 민감한데, 원추세포는 파장이 500나노미터 부근의 빛(노랑)에, 막대세포는 파장이 560나노미터 부근의 빛(초록)에 가장 민감하다.

원추세포는 그 수가 많지 않으므로, 우리 눈은 어두운 곳에서 색을 인식하는 능력은 많이 떨어지지만 밝은 곳에서는 제 기능을 잘 발휘하는데, 노란색 근처의 빛(붉은색－주황색－노란색 구간)이 특히 눈에 잘 띈다. 노란색이나 붉은색으로 경고나 위험 상황을 나타내는 것은 이 때문이다. 이 색들은 밝은 곳에서 눈에 잘 띄어 안전을 위해 효율적이지만 날이 어두워지면 무용지물이 될 수도 있다.

인간의 눈은 우리 주위에 가장 흔한 가시광선에 민감하도록 진화되어왔다고 할 수 있다. 즉, 우리 주위에 가장 흔하고 강한 노란빛에 민감하도록 진화해왔을 것이며, 따라서 우리가 노란색에 가장 민감함은 자연스러워 보인다. 그러나 시신경세포의 대부분은 막대 세포들인데, 이 막대세포는 비타민 A에서 생긴 로돕신이라는 물질이 있어 빛을 감지할 수 있다. 로돕신은 빛을 받으면 분해되어 시신경을 자극하고, 이 자극이 대뇌에 전달되어 물체를 인식한다. 그 세포들은 비록 색을 인식하지는 못하지만 초록색 빛을 더 민감하게 인식한다. 즉, 비록 색깔을 인식하지 못한다 할지라도 어두운 곳에서는 초록색 물체가 잘 보인다.

이것은 아마도 식물이 초록빛을 띠는 현상과 관련이 있지 않을까 생각된다. 즉, 인간이 먹는 음식물의 원천이면서 휴식처가 되기도 하는 식물을 잘 식별하기 위해서 우리 눈은 그렇게 진화해오지 않았을까 하는 것이다. 그러나 위험한 상태를 빨리 파악하기 위해서는 초록빛보다 더 강한 노란색 빛을 이용하여 위험을 감지할 필요도 생겨났을 것이다. 즉, 우리 인체는 위험을 감지하기 위해 적은 수이지만 원추세포를, 그리고 먹이를 잘 식별하기 위해 많은 수의 막대세포를 따로 이용하고 있다고 할 수 있을 것이다.

① 빛은 사람이 물체를 인식하는 데 필수적이다.
② 인간의 눈은 가시광선에 민감하도록 진화되어 왔다.
③ 빛의 밝기에 따라 색의 구별 능력이 달라질 수 있다.
④ 비상구의 녹색 표시등은 원추세포의 기능과 관련이 있다.

> ✔해설 ④ 비상구의 녹색 표시등은 막대세포의 기능과 관련이 있다. 막대세포는 어두운 곳에서 초록색 빛을 더 민감하게 인식하게 된다.

18 다음 글에서 '프롬'이 말하는 '정보화 사회의 공동체'에 해당하는 예로 가장 적절한 것은?

> 정보화로 인한 개체화는 한편으로는 개인의 자유를 신장시키지만 다른 한편으로는 개인의 책임을 증대시켜 프롬(Eridh Fromm)이 말했던 '자유로부터 도피'하려는 욕구를 일으키기도 한다. 개인들은 자신들을 집단에 소속시키거나 자신과 같은 입장에 있는 사람과의 유대를 통해서 책임을 분담하려 할 것이다. 또한 프롬이 주장한 바와 같이 개체와의 욕구와 유대의 요구는 다 같이 기본적인 인간의 욕구이기 때문에 정보화 사회가 개인들이 개체화되면 될수록 공동체의 욕구도 강화될 것으로 예상할 수 있다. 그러나 정보화 사회의 공동체는 혈연, 지연 등과 같은 원초적 관계에 기초한 사회적 연대와는 달리 '자율적'이고 '평등한' 개인들 간의 '자발적' 연대에 의해 형성되는 소규모의 '인격적' 공동체의 성격을 띠게 될 것이다.

① 가족   ② 학교
③ 동호회   ④ 회사

> ✔해설 혈연, 지연을 배제한, 자율적이고 평등한 자발적 연대에 의해 형성된다고 하였으므로 '동호회'가 가장 적절하다.

19 다음 글의 내용과 가장 일치하는 것은?

> (가) 통계청이 2007년 5월 발표한 '2006년 출생 통계 잠정 결과'는 모두에게 기쁨을 선사했다. 2000년 이후 줄어들던 출생아 수가 6년 만에 늘어났으며, '합계 출산율'도 2005년 1.08명에서 1.13명으로 늘어났기 때문이다. 한 해 동안의 통계치 변화를 두고 출산 증가 추세가 시작된 것으로 보기는 어렵지만, 고령 인구 급증과 맞물려 사회 발전의 발목을 잡는 저출산 현상이 어느 정도 줄어든 것은 대단히 반가운 일이다.
>
> (나) 출산율 증가 현상을 놓고서 그 원인이 무엇인가에 대한 주장은 각양각색이다. 2006년은 결혼을 하거나 자녀를 낳으면 복을 받는다는 속설이 있는 해였기 때문에 일시적으로 결혼과 출산이 늘어났다는 주장이 있다. 다른 한편에서는 1997년 외환(外換)위기 이후, 경제적 불안감 때문에 출산을 미뤄 왔던 30대가 형편이 나아지면서 아기 낳는 분위기를 이끈 데에서 원인을 찾기도 한다. 출산율 반등을 주도한 연령층이 30대 초반으로 20대 후반을 추월했다는 점이 이를 뒷받침한다. 그리고 정부의 출산 지원 정책이 사회 전반에 출산 장려 분위기를 조성하여 출산율 증가에 한몫했다는 주장도 일리가 있다.
>
> (다) 그러나 한 해의 통계만으로 출산율 하락세가 멈췄다고 속단하기는 아직 이르다. 뿐만 아니라, 지난해 다소 상승했다고는 하더라도 합계 출산율 1.13은 여전히 세계 평균 2.69의 절반도 안 되는 세계 최저 수준이다. 따라서 이제 막 나타난 한 해의 저출산 감소 현상에 들뜨기보다는 오히려 저출산 대책 마련에 고삐를 더 죄어 나가야 한다.
>
> (라) 이제는 좀 더 체계적이고 과학적인 접근이 필요하다. 우선 저출산 대책을 정교하게 볼 필요가 있다. 출산을 기피하게 만드는 요인을 찾아 그것을 줄여 가는 '억제 대책'과, 출산 동기를 강화하여 주는 '부양 대책', 이 두 가지를 구분해서 추진해야 한다. 미래 세대를 육성하기 위한 인적 자본 강화 대책, 육아 기반 확대 대책, 가정과 직장의 일을 병행할 수 있게 돕는 근로 환경 조성 대책을 수립하고, 견실한 사회 보장 제도를 구축하는 것 등은 억제 대책과 관련된다. 그리고 건강한 임신·출산에 대한 사회의 책임 강화와 가족 친화적 문화 조성, 가사(家事) 노동에 대한 세제(稅制) 혜택 등 대폭적인 사회적 지원 대책은 부양 대책과 관련된다.
>
> (마) 저출산 문제는 정부의 힘만으로 대응하기는 힘들다. 가족과 사회가 정부와 함께 손을 잡고 여러 세대가 조화롭게 살 수 있는 우리나라의 모습을 차분하게 그려 나가야 한다. 저출산 대책은 복합적인 접근이 필요하며, 효과가 나타나기까지는 장기간이 소요되므로 끈기 있는 자세가 필요하다.

① 저출산 대책은 단기간에 그 효과를 입증할 수 있다.

② 우리나라의 현재 출산율은 세계 평균의 두 배 정도이다.

③ 2006년 출산율이 증가한 이유는 뚜렷하게 한 가지로 나타나지 않는다.

④ 저출산을 유도하기 위한 정책은 '억제 대책'과 '부양 대책'으로 나뉜다.

✔해설 ① (마)에서 저출산 대책은 효과가 나타나기까지는 장기간이 소요된다고 하였다.
② 우리나라의 합계 출산율 1.13은 여전히 세계 평균 2.69의 절반도 안 되는 세계 최저 수준이다.
④ 저출산을 유도하기 위한 정책이 아니라 출산을 기피하게 만드는 요인을 찾아 그것을 줄여 가는 '억제 대책'과, 출산 동기를 강화하여 주는 '부양 대책'이다.

20 다음 중 ㉠~㉤과 바꿔 쓸 수 있는 말로 적절하지 않은 것은?

> 우리 사회에는 이윤 추구를 목적으로 하는 일반적 기업이 있는 반면, 사회적 가치 추구를 목적으로 하는 비영리기관이 있다. 이와 달리 사회적 가치 추구를 위해 이윤을 창출하는 기업이 있는데, 이를 '사회적 기업'이라 한다. 이러한 기업은 환경 문제, 취약 계층의 복지 등과 같은 사회적 문제를 해결하고자 재화와 서비스를 생산·판매하는 경제 활동을 한다. 사회적 기업은 혼성 조직, 자원 동원의 다양성, 민주적 조직 운영 등의 특성을 가지고 있다.
>
> 이와 같은 사회적 기업의 특성을 구체적인 사례들을 통해 하나씩 살펴보자. 버려진 물건으로 조형물을 ㉠만들고 이를 전시해서 수익을 창출하는 A기업의 경우, 그 수익의 70% 정도를 환경 단체에 기부한다. 그 전시회 활동과 수익 기부 활동을 보면 A기업이 환경 문제 해결이라는 사회적 가치 창출을 목표로 한다는 것을 알 수 있다. 이를 볼 때, 사회적 기업은 사회적 가치 창출을 위한 공익성과 이를 위한 이윤 추구의 성격을 모두 가지고 있는 혼성 조직이라고 할 수 있다.
>
> 취약 계층 사람들을 고용하여 결식 이웃에게 저렴한 가격으로 판매할 도시락을 만들고 배달하는 사업체 B기업의 경우, 도시락 판매로 얻은 수익만으로는 지속적인 기업 운영이 불가능하다.
>
> 그래서 B기업은 기부나 후원, 정부 보조 등과 같은 여러 방법으로 자원을 동원하는데, 이는 자원 동원의 다양성을 보여주는 것이다. 또한 B기업에서는 기업의 설립과 운영에 가장 많은 돈을 기부한 창립자라 하더라도 다른 일반 구성원들과 동등한 의사 결정권을 가진다. 뿐만 아니라 구성원 모두의 자발적인 참여를 유도하고, 구성원의 의견을 민주적으로 ㉡모아서 기업이 운영된다. 이는 조직 운영의 민주성을 보여주는 것이다.
>
> 이러한 사회적 기업은 이윤을 사회 또는 지역공동체의 취약 계층에 ㉢되돌려 사회 통합에 기여한다. 악기 연주가 가능한 미취업 장애인들을 고용해서 정기 연주회를 열어 얻은 수익을 장애인 복지 사업에 기부하는 C기업이 있다. 이 기업은 미취업 장애인 고용을 통해 취약 계층의 실업 문제를 해결하고 기업 활동에서 창출한 이윤을 장애인 복지 사업에 기부하여 복지 서비스 확대에 기여했다. 이는 취약 계층이 느끼는 사회적 소외감을 줄여 사회 통합에 ㉣보탬이 된 것이라 할 수 있다. 오늘날 취약 계층의 실업률 급증, 사회 복지 서비스의 부족, 환경 문제의 심화 등 다양한 사회적 문제 때문에 이를 극복하기 위한 공동체의 역할이 절실하게 요구된다. 사회적 기업은 이런 역할을 지속적으로 수행할 수 있는 대안으로 떠오르고 있다.

① ㉠ : 제공(提供)하고　　　　　　② ㉡ : 수렴(收斂)하여

③ ㉢ : 환원(還元)하여　　　　　　④ ㉣ : 일조(一助)한

✔️**해설**　㉠ '만들고'는 한자어 '제작(製作)하고'로 바꿔야 한다. 그러므로 '제공(提供)하고'는 적절하지 않다.

휘문고등보통학교와 일본 와세다대학 법과를 졸업한 전형필은 서울 출생으로 지금의 종로4가에 해당하는 배우개 중심의 종로 일대 상권을 장악한 10만 석 부호가의 상속권자였다. 그는 대학 졸업 후 일제의 식민 통치 아래 말살되어 가는 민족정기를 되살리기 위해 우리 민족 문화 전통을 단절시키지 말아야 하고 그러기 위해서는 우리 민족 문화의 결정체인 미술품이 인멸되지 않게 한곳에 모아 보호하여야 한다는 비장한 각오로 오세창을 따라다니며 민족 문화재 수집 보호에 심혈을 기울였다.

그가 물려받은 막대한 재력과 오세창의 탁월한 감식안 그리고 이런 문화적 민족 운동에 공명하는 많은 지식인들의 후원으로 이러한 소망은 순조롭게 이루어져 갔다. 그래서 장차 우리 미술사 연구의 요람을 건설하려는 원대한 포부를 가지고 당시 한적한 교외이던 성북동에 북단장을 개설하여 필요한 부지를 확보하고 1938년 일제의 강력한 물자 통제령에도 불구하고 북단장 내에 보화각을 건축하여 우리나라 최초의 사립박물관을 설립하였다.

그 사이 그는 민족의식이 투철하고 서화에 일가를 이룬 오세창의 측근 문사들과 교유를 가졌다. 이들과의 교류를 통해 전형필은 탁월한 예술 감각을 향상시켰다.

본래 뛰어난 예술 감각을 지닌 그였지만 그는 이러한 능력은 드러내지 않은 채 오직 문화재 수집에만 혼신의 힘을 기울였고 그 결과 우리 미술사에서 높이 추앙할 수 있는 김정희와 정선의 작품이 집중적으로 수집되어 그들에 대한 올바른 연구가 이루어질 수 있는 발판을 마련하였다.

또한 심사정 · 김홍도 · 장승업 등 조선시대 전반에 걸친 화가들의 작품은 물론 서예 작품까지 총망라하였고 고려 및 조선 자기와 불상 · 불구 · 와전 등에 이르는 문화재들을 방대하게 수장하였다. 뿐만 아니라 우리 미술사 연구를 위한 인접 자료인 중국 역대 미술품을 수집하는 것도 게을리 하지 않았다.

그는 일제시대 때 많은 국보급과 보물급의 문화재들을 수집하고 소장하였지만 그 중에서도 단연 최고로 꼽은 것은 현재 국보 70호로 지정된 「훈민정음」으로 한국전쟁 당시에는 품 안에 품고 피난을 떠날 정도였다.

이외에도 전형필은 문헌 자료의 구비를 위해 1940년부터는 관훈동에 있는 한남서림을 후원, 경영하면서 문화사 연구에 필요한 전적을 수집하여 한적으로 1만 권의 장서를 이루어놓았다. 그리고 당시 국내외에서 발간되는 문화사 관계 서적들도 가능한 한 수집하여 장차 연구에 대비토록 하였다. 그리고 인재 양성이 또 하나의 절실한 문제임을 깨닫고 1940년 6월 재단법인 동성학원을 설립하여 재정난에 허덕이는 보성고등보통학교를 인수하여 육영 사업에 착수하였다.

광복 후에는 잠시 보성중학교장직을 역임하기도 하고 문화재보존위원회 제1분과위원에 선출되기도 하였으나 항상 공직에 나가는 것을 피하고 시은을 자처하면서 1960년 김상기 · 김원룡 · 진홍섭 · 최순우 · 황수영 등과 같이 ⓐ고고미술동인회를 발기하여 운영의 핵심을 담당하면서 10여 편의 논문을 발표하였다.

사후에 그는 대한민국문화포장과 대한민국문화훈장 국민장을 받았고 그 후 그의 자제와 동학들이 한국민족미술연구소를 설립하여 그가 마련해 놓은 연구 자료를 토대로 미술사 연구를 활발하게 진행해 감으로써 그 유지를 계승하고 있다. 현재 보화각은 간송미술관으로 개칭되어 연구소에 부속되어 있다.

21 다음 설명 중 옳지 않은 것은?

① 전형필은 수집한 수많은 민족 문화재 중에서도 특히 「훈민정음」을 최고로 꼽고 한국전쟁이 일어나자 품 안에 품은 채 피난을 떠났다.

② 전형필은 일제 식민지하에서 인재 양성의 중요성을 깨닫고 재단법인 동성학원을 설립하여 당시 재정난에 허덕이던 보성고등보통학교를 인수하였다.

③ 전형필은 일찍이 자신에게 뛰어난 예술 감각이 없음을 깨닫고 오직 문화재 수집 보호만이 자신의 사명이라고 여겼다.

④ 전형필은 한남서림을 후원, 경영하면서 문화사 연구에 필요한 전적을 수집하여 장차 연구에 대비토록 하였다.

✔**해설** ③ 전형필은 본래 뛰어난 예술 감각을 지니고 있었지만 그러한 능력은 드러내지 않은 채 오직 문화재 수집에만 혼신의 힘을 기울였다.

22 윗글의 내용으로 미루어 볼 때 전형필이 가졌을 생각으로 옳지 않은 것은?

① 내가 그 동안 모은 우리 문화재들 중 어느 하나 버릴 것이 없지만 이 「훈민정음」만큼은 반드시 내 목숨이 붙어있는 한 끝까지 지켜야 해.

② 일제는 지금 우리의 민족정기를 말살시키기 위해 소중한 문화재들을 없애고 있어. 이를 막기 위해서는 우리 민족 문화의 결정체인 미술품들이 사라지지 않도록 한곳에 모아 보호할 필요가 있어.

③ 일제에 나라를 빼앗긴 이러한 때일수록 훌륭한 인재를 양성하는 것이 무엇보다 중요해. 내가 가진 이 막대한 돈으로 경영난을 겪고 있는 보성고등보통학교를 인수해 육영 사업을 해야겠어.

④ 지금까지 갖은 고생을 하며 모아 온 우리 문화재들을 바탕으로 앞으로는 우리 미술사 연구를 활발하게 진행해야겠어. 그러기 위해서는 연구를 진행할 수 있는 연구소 설립이 필요해.

✔**해설** ④는 전형필 사후 그의 자제와 동학들의 생각이다. 전형필은 생전에 훗날 우리 미술사 연구를 위해 수많은 문화재를 수집하였고 수집한 문화재에 대한 활발한 연구는 전형필 사후 그의 자제와 동학들에 의해 현재까지 진행되고 있다.

Answer 21.③ 22.④

23 다음 중 밑줄 친 ⓐ에서 발표했을 법한 논문으로 옳게 묶인 것은?

> ㉠ 조선 15세기 탑 내 봉안 불상의 고찰
> ㉡ 조선 왕릉 석수(石獸) 연구
> ㉢ 개항기 '김홍도 풍속화'의 모방과 확산
> ㉣ 신라 하대 경문왕대 불교조각의 재조명
> ㉤ 정토사 홍법국사실상탑의 기원과 의미
> ㉥ 불화에 기록된 범자와 진언에 관한 고찰

① ㉠, ㉡, ㉢, ㉣, ㉤, ㉥
② ㉣, ㉤, ㉥
③ ㉠, ㉡, ㉢, ㉣
④ ㉢, ㉣, ㉤, ㉥

✔해설 고고미술동인회는 한국 및 동양미술사 연구를 위해 설립된 단체로 1968년 한국미술사학회로 개편되어 현재까지 한국 및 동양미술사의 모든 분야에 걸쳐 놀랄 만한 양의 연구들이 진행되고 있다. 위에 제시된 보기의 논문들은 모두 우리나라 및 동양 미술사와 관련된 내용으로 실제 한국미술사학회에서 간행된 논문들이다. 따라서 정답은 ①이다.

24 다음 중 ㈎~㈖에 대한 설명으로 적절하지 않은 것은?

㈎ 자연은 인간 사이의 갈등을 이용하여 인간의 모든 소질을 계발하도록 한다. 사회의 질서는 이 갈등을 통해 이루어진다. 이 갈등은 인간의 반사회적 사회성 때문에 초래된다. 반사회적 사회성이란 한편으로는 사회를 분열시키려고 끊임없이 위협하고 반항하면서도, 다른 한편으로는 사회를 이루어 살려는 인간의 성향을 말한다. 이러한 성향을 분명 인간의 본성 가운데에 있다.

㈏ 인간은 사회 속에서만 자신을 더 나은 존재로 느낄 수 있기 때문에 자신을 사회화하고자 한다. 인간은 사회 속에서만 자신의 자연적 소질을 실현할 수 있는 것이다. 그러나 인간은 자신을 개별화하거나 고립시키려는 강한 성향도 있다. 이는 자신의 의도에 따라서만 행위하려는 반사회적인 특성을 의미한다. 그리고 저항하려는 성향이 사신뿐만 아니라 다른 사람에게도 있다는 사실을 알기 때문에, 그 자신도 곳곳에서 저항에 부딪히게 되리라 예상한다.

㈐ 이러한 저항을 통하여 인간은 모든 능력을 일깨우고, 나태해지려는 성향을 극복하며, 명예욕이나 지배욕, 소유욕 등에 따라 행동하게 된다. 그리하여 동시대인들 가운데에서 자신의 위치를 확보하게 된다. 이렇게 하여 인간은 야만의 상태에서 벗어나 문화를 이룩하기 위한 진정한 진보의 첫걸음을 내딛게 된다. 이때부터 모든 능력이 점차 계발되고 아름다움을 판정하는 능력도 형성된다. 나아가 자연적 소질에 의해 도덕성을 어렴풋하게 느끼기만 하던 상태에서 벗어나, 지속적인 계몽을 통하여 구체적인 실천 원리를 명료하게 인식할 수 있는 성숙한 단계로 접어든다. 그 결과 자연적인 감정을 기반으로 결합된 사회를 도덕적인 전체로 바꿀 수 있는 사유 방식이 확립된다.

㈑ 인간에게 이러한 반사회성이 없다면, 인간의 모든 재능을 꽃피지 못하고 만족감과 사랑으로 가득 찬 목가적인 삶 속에서 영원히 묻혀 버리고 말 것이다. 그리고 양처럼 선량한 기질의 사람들은 가축 이상의 가치를 자신의 삶에 부여하기 힘들 것이다. 자연 상태에 머물지 않고 스스로의 목적을 성취하기 위해 자연적 소질을 계발하여 창조의 공백을 메울 때, 인간의 가치는 상승되기 때문이다.

㈒ 불화와 시기와 경쟁을 일삼는 허영심, 막힐 줄 모르는 소유욕과 지배욕을 있게 한 자연에 감사하라! 인간은 조화를 원한다. 그러나 자연은 불화를 원한다. 자연은 무엇이 인간을 위해 좋은 것인지를 더 잘 알고 있기 때문이다. 인간은 안락하고 만족스럽게 살고자 한다. 그러나 자연은 인간이 나태외 수동적인 만족감으로부디 벗나 노동과 고난 속으로 돌진하기를 원한다. 그렇게 함으로써 자연은 인간이 노동과 고난으로부터 현명하게 벗어날 수 있는 방법을 발견하게 한다.

① ㈎ : 논지와 주요 개념을 제시한다.

② ㈏ : 제시된 개념을 부연하여 설명한다.

③ ㈐ : 논지를 확대하고 심화한다.

④ ㈒ : 새로운 문제를 제기하면서 논의를 마무리한다.

✔ 해설 ④ ㈒에서는 새로운 문제를 제기하지 않았다.

Answer 23.① 24.④

25 다음 글에서 설명한 '즉흥성'과 관련 있는 내용을 〈보기〉에서 모두 고른 것은?

우리나라의 전통 음악은 대체로 크게 정악과 속악으로 나뉜다. 정악은 왕실이나 귀족들이 즐기던 음악이고, 속악은 일반 민중들이 가까이 하던 음악이다.

개성을 중시하고 자유분방한 감정을 표출하는 한국인의 예술 정신은 정악보다는 속악에 잘 드러나 있다. 우리 속악의 특징은 한 마디로 즉흥성이라는 개념으로 집약될 수 있다. 판소리나 산조에 '유파 (流派)'가 자꾸 형성되는 것은 모두 즉흥성이 강하기 때문이다. 즉흥으로 나왔던 것이 정형화되면 그 사람의 대표 가락이 되는 것이고, 그것이 독특한 것이면 새로운 유파가 형성되기도 하는 것이다.

물론 즉흥이라고 해서 음악가가 제멋대로 하는 것은 아니다. 곡의 일정한 틀을 유지하면서 그 안에서 변화를 주는 것이 즉흥 음악의 특색이다. 가령 판소리 명창이 무대에 나가기 전에 "오늘 공연은 몇 분으로 할까요?"하고 묻는 것이 그런 예다. 이 때 창자는 상황에 맞추어 얼마든지 곡의 길이를 조절할 수 있는 것이다. 이것은 서양 음악에서는 어림없는 일이다. 그나마 서양 음악에서 융통성을 발휘할 수 있다면 가령 4악장 가운데 한 악장만 연주하는 것 정도이지 각 악장에서 조금씩 뽑아 한 곡을 만들어 연주할 수는 없다. 그러나 한국 음악에서는, 특히 속악에서는 연주 장소나 주문자의 요구 혹은 연주자의 상태에 따라 악기도 하나면 하나로만, 둘이면 둘로 연주해도 별문제가 없다. 거문고나 대금 하나만으로도 얼마든지 연주할 수 있다. 전혀 이상하지도 않다. 그렇지만 베토벤의 운명 교향곡을 바이올린이나 피아노만으로 연주하는 경우는 거의 없을 뿐만 아니라, 설령 연주를 하더라도 어색하게 들릴 수밖에 없다.

즉흥과 개성을 중시하는 한국의 속악 가운데 대표적인 것이 시나위다. 현재의 시나위는 19세기말에 완성되었으나 원형은 19세기 훨씬 이전부터 연주되었을 것으로 추정된다. 시나위의 가장 큰 특징은 악보 없는 즉흥곡이라는 것이다. 연주자들이 모여 아무 사전 약속도 없이 "시작해 볼까"하고 연주하기 시작한다. 그러니 처음에는 서로가 맞지 않는다. 불협음 일색이다. 그렇게 진행되다가 중간에 호흡이 맞아 떨어지면 협음을 낸다. 그러다가 또 각각 제 갈 길로 가서 혼자인 것처럼 연주한다. 이게 시나위의 묘미다. 불협음과 협음이 오묘하게 서로 들어맞는 것이다.

그런데 이런 음악은 아무나 하는 게 아니다. 즉흥곡이라고 하지만 '초보자(初步者)'들은 꿈도 못 꾸는 음악이다. 기량이 뛰어난 경지에 이르러야 가능한 음악이다. 그래서 요즈음은 시나위를 잘 할 수 있는 사람들이 별로 없다고 한다. 요즘에는 악보로 정리된 시나위를 연주하는 경우가 대부분인데, 이것은 시나위 본래의 취지에 어긋난다. 악보로 연주하면 박제된 음악이 되기 때문이다.

요즘 음악인들은 시나위 가락을 보통 '허튼 가락'이라고 한다. 이 말은 그대로 '즉흥 음악'으로 이해된다. 미리 짜 놓은 일정한 형식이 없이 주어진 장단과 연주 분위기에 몰입해 그때그때의 감흥을 자신의 음악성과 기량을 발휘해 연주하는 것이다. 이럴 때 즉흥이 튀어 나온다. 시나위는 이렇듯 즉흥적으로 흐드러져야 맛이 난다. 능청거림, 이것이 시나위의 음악적 모습이다.

<보기>

㉠ 주어진 상황에 따라 임의로 곡의 길이를 조절하여 연주한다.

㉡ 장단과 연주 분위기에 몰입해 새로운 가락으로 연주한다.

㉢ 연주자들 간에 사전 약속 없이 연주하지만 악보의 지시는 따른다.

㉣ 감흥을 자유롭게 표현하기 위해 일정한 틀을 철저히 무시한 채 연주한다.

① ㉠㉡   ② ㉠㉢

③ ㉡㉢   ④ ㉡㉣

✔해설 ㉢ 악보로 정리된 시나위를 연주하는 것은 시나위 본래 취지에 어긋난다.
      ㉣ 곡의 일정한 틀은 유지한다.

26 밑줄 친 부분의 의미를 추리한 것으로 가장 적절한 것은?

'관용'으로 번역되는 똘레랑스라는 말은 '견디다', '참다'를 뜻하는 라틴어 'tolerare'에서 나왔다. 서구 사회에서 인종, 문화, 종교의 차이는 격렬한 갈등의 씨앗을 뿌렸고, 많은 희생을 치렀다. 이 과정에서 생겨난 것이 똘레랑스이다. 1572년 기독교 구교(가톨릭)와 신교(위그노)의 갈등으로 인해 파리에서만 3,000여 명의 신교도가 구교도에 의해 희생되었고, 이후에도 그 갈등과 피해는 악순환을 불러왔다. 상황이 이렇다보니 유럽의 지식인들은 사태를 진정시키기 위해 입을 모아 서로의 차이를 받아들일 것을, 즉 똘레랑스를 얘기하기 시작했다. 종교간의 갈등이 전정되면서 똘레랑스를 외치는 목소리는 종교를 넘어 점차 사회 전반으로 퍼졌다.

이러한 역사적 배경을 지닌 똘레랑스는 몇 가지 원리들이 바탕을 이루고 있다. 이 원리들은 개별적이고 독립적인 것이 아니라 밀접하게 연관되어 있는데, 그 근본정신은 인간의 완전함에 대한 부정이다. 우선 똘레랑스는 자기 생각만 고집하는 편협함을 버릴 것을 요구한다. 그래서 프랑스의 사회학자 필리프 사시에는 '똘레랑스는 주기중심주의의 포기'라고 얘기한다. 자기라는 중심을 버릴 때 또 다른 자아인 타자를 받아들이고 그 목소리를 들을 수 있다는 것이다.

하지만 똘레랑스가 모든 차이와 다양성을 조건 없이 받아들이는 것은 아니다. 사시에는 똘레랑스가 정착하려면 <u>차이의 질서뿐만 아니라 다른 것들의 평화적인 공존을 전제하는 유사성의 질서도 있어야 한다</u>고 보았다. 다르다는 것은 소중하지만 단순히 '차이'만을 존중할 경우 똘레랑스는 모든 폭력적인 행위마저 차이의 표현으로 인정하는 위험에 빠질 수 있기 때문이다. 그래서 똘레랑스 속에도 앵똘레랑스가 필요하다. 일반적으로 '앵똘레랑스'는 인종, 피부색, 종교 등을 이유로 타인의 행동이나 신념을 받아들이지 않는 비이성적이고 정당하지 않은 반대를 가리킨다. 하지만 '똘레랑스 속에 담긴 앵똘레랑스'는 이성적인 반대를 뜻한다. '도덕적인 의무인 앵똘레랑스'와 '억압적인 앵똘레랑스'를 구분하는 기준은 '이성'이다.

---

① 보편적인 가치에 얽매이지 않고 모든 의견들이 동등하게 공존할 수 있어야 한다.

② 상호간의 차이를 무시하고 모두가 공존할 수 있는 하나의 가치만을 지향해야 한다.

③ 상호간의 입장의 차이를 인정하더라도 보편적 가치가 전제된 공존을 추구해야 한다.

④ 상호간의 입장 차이 없이 모든 구성원이 조화롭게 공존할 수 있는 보편적 가치를 실현해야 한다.

> ✔**해설** ③ 똘레랑스는 서로간의 차이를 인정해야 한다는 것, 그리고 보편적인 가치를 바탕으로 한 공존을 추구할 때 정착될 수 있다는 것이다.

27 다음 글의 서술상의 특징으로 옳지 않은 것은?

> 한국문학은 흔히 한국 민족에 의해 한국어를 기반으로 계승·발전한 문학을 일컫는다. 그렇다면 한국문학에는 어떤 것들이 있을까? 한국문학은 크게 세 가지로 구분할 수 있는데 차자문학, 한문학, 국문학이 그것이다. 차자문학은 고대시대에 우리말을 따로 표기할 문자가 없어 중국의 한자를 우리말 어순에 맞게 빌려와 기록한 문학으로 대표적인 예로 향가를 들 수 있다. 그리고 한문학이란 한문으로 기록된 문학을 말하는데 중세시대 동아시아의 모든 국가들이 공통 문자로 한문을 사용했다는 점에서 이 시기 한문학 또한 우리 한국문학의 하나로 볼 수 있다. 마지막으로 국문학은 조선 세종의 훈민정음 창제 이후 훈민정음(한글)로 기록된 문학을 말한다.

① 기존의 주장을 반박하는 방식으로 논지를 펼치고 있다.

② 용어의 정의를 통해 논지에 대한 독자의 이해를 돕고 있다.

③ 의문문을 사용함으로써 독자들에게 호기심을 유발시키고 있다.

④ 근거를 갖추어 주장을 펼치고 있다.

> ✔ 해설 ① 기존의 주장을 반박하는 방식은 나타나고 있지 않다.

28 내용 전개상 단락 배열이 가장 적절한 것은?

> ⊙ 앞서 조선은 태종 때 이미 군선이 속력이 느릴 뿐만 아니라 구조도 견실하지 못하다는 것이 거론되어 그 해결책으로 쾌선을 써보려 하였고 귀화왜인으로 하여금 일본식 배를 만들게 하여 시험해 보기도 하였다. 또한 귀선 같은 특수군선의 활용방안도 모색하였다.
>
> ⓛ 갑조선은 조선 초기 새로운 조선법에 따라 만든 배를 말하는데 1430년(세종 12) 무렵 당시 중국·유구·일본 등 주변 여러 나라의 배들은 모두 쇠못을 써서 시일을 두고 건조시켜 견고하고 경쾌하며 오랫동안 물에 떠 있어도 물이 새지 않았고 큰 바람을 만나도 손상됨이 없이 오래도록 쓸 수 있었지만 우리나라의 군선은 그렇지 못하였다.
>
> ⓒ 그리고 세종 때에는 거도선을 활용하게 하는 한편 「병선수호법」을 만드는 등 군선의 구조개선이 여러 방면으로 모색되다가 드디어 1434년에 중국식 갑조선을 채택하기에 이른 것이다. 이 채택에 앞서 조선을 관장하는 경강사수색에서는 갑조선 건조법에 따른 시험선을 건조하였다.
>
> ⓐ 하지만 이렇게 채택된 갑조선 건조법도 문종 때에는 그것이 우리나라 실정에 적합하지 않다는 점이 거론되어 우리나라의 전통적인 단조선으로 복귀하게 되었고 이로 인해 조선시대의 배는 평저선구조로 일관하여 첨저형선박은 발달하지 못하게 되었다.
>
> ⓜ 이에 중국식 조선법을 본떠 배를 시조해 본 결과 그것이 좋다는 것이 판명되어 1434년부터 한때 쇠못을 쓰고 외판을 이중으로 하는 중국식 조선법을 채택하기로 하였는데 이를 갑선·갑조선 또는 복조선이라 하고 재래의 전통적인 우리나라 조선법에 따라 만든 배를 단조선이라 했다.

① ⊙ – ⓛ – ⓒ – ⓐ – ⓜ

② ⓛ – ⓜ – ⊙ – ⓒ – ⓐ

③ ⊙ – ⓐ – ⓒ – ⓛ – ⓜ

④ ⓛ – ⓒ – ⊙ – ⓜ – ⓐ

✔ 해설 ⓛ 갑조선의 정의와 1430년대 당시 주변국과 우리나라 군선의 차이-ⓜ 중국식 조선법을 채택하게 된 계기-⊙ 태종 때 군선 개량의 노력-ⓒ 세종 때 군선 개량의 노력-ⓐ 단조선으로 복귀하게 된 계기와 조선시대 배가 평저선구조로 일관된 이유

29 다음 글을 순서대로 바르게 배열한 것은?

(가) 우리의 서울대공원의 첫날인 5월 1일의 이상한 열기에서 여러 가지를 생각했고 그 질서의 모습에 유감을 표시했었다.

(나) 서울대공원에서 들려오는 소식은 그런 문제를 제기한다. 문을 연 지 보름 동안에 검정 코뿔소 등 수입 동물 23종 35마리와 창경원에서 옮겨 온 고라니 등 11마리가 죽은 것이다.

(다) 지구상에는 실로 갖가지 동물이 살고 있으며 제각기 독자적인 생활 방식을 갖고 있다. 동물원은 이런 동물을 한 곳에 모아 놓은 곳이므로 사람이 아무리 신경을 써 봐야 그 시설은 본래의 자연과 같을 수는 없다. 새로 문을 연 동물원일수록 그 다양한 동물을 새로운 기후와 환경에 적응케 하고 순치(馴致)한다는 일은 험난하다.

(라) 동시에 우리는 그 관객의 처리에도 문제가 있다는 것을 생각하지 않을 수 없다. 그 날의 광경에서는 복잡한 요소가 있었으며 질서를 지키려 해도 간단하게 될 수 없었다는 것을 고언(苦言)하지 않을 수 없다.

(마) 동물원측은 그 원인을 여러 가지로 들고 있지만 결국은 동물원을 경영한 사람의 잘못으로 귀착된다. 운영 잘못으로 목숨을 잃은 동물만 가엾다. 서울대공원에 오지 않았더라면 죽지 않았을 것을……

---

① (가)(나)(라)(마)(다)

② (가)(다)(나)(마)(라)

③ (다)(나)(마)(가)(라)

④ (다)(마)(가)(나)(라)

✔ 해설 (나)(마)(가)는 (다)에서 제시한 서울대공원의 동물들이 죽은 사건에 대한 작가의 생각이 나열되어 있다. (라)는 글의 내용을 마무리 하고 있다.

▌30~31 ▌ 다음 제시된 글을 읽고 물음에 답하시오.

　　정부나 기업이 사업에 투자할 때에는 현재에 투입될 비용과 미래에 발생할 이익을 비교하여 사업의 타당성을 진단한다. 이 경우 물가 상승, 투자 기회, 불확실성을 포함하는 할인의 요인을 고려하여 미래의 가치를 현재의 가치로 환산한 후, 비용과 이익을 공정하게 비교해야 한다. 이러한 환산을 가능케 해 주는 개념이 할인율이다. 할인율은 이자율과 유사하지만 역으로 적용되는 개념이라고 생각하면 된다. 현재의 이자율이 연 10%라면 올해의 10억 원은 내년에는 (1+0.1)을 곱한 11억 원이 되듯이, 할인율이 연 10%라면 내년의 11억 원의 현재 가치는 (1+0.1)로 나눈 10억 원이 된다.

　　공공사업의 타당성을 진단할 때에는 대개 미래 세대까지 고려하는 공적 차원의 할인율을 적용하는데, 이를 사회적 할인율이라고 한다. 사회적 할인율은 사회 구성원이 느끼는 할인의 요인을 정확하게 파악하여 결정하는 것이 바람직하나, 이것은 현실적으로 매우 어렵다. 그래서 시장 이자율이나 민간 자본의 수익률을 사회적 할인율로 적용하자는 주장이 제기된다.

　　시장 이자율은 저축과 대출을 통한 자본의 공급과 수요에 의해 결정되는 값이다. 저축을 하는 사람들은 원금을 시장 이자율에 의해 미래에 더 큰 금액으로 불릴 수 있고, 대출을 받는 사람들은 시장 이자율만큼 대출금에 대한 비용을 지불한다. 이때의 시장 이자율은 미래의 금액을 현재 가치로 환산할 때의 할인율로도 적용할 수 있으므로, 이를 사회적 할인율로 간주하자는 주장이 제기되는 것이다. 한편 민간 자본의 수익률을 사회적 할인율로 적용하자는 주장은, 사회 전체적인 차원에서 공공사업에 투입될 자본이 민간 부문에서 이용될 수도 있으므로, 공공사업에 대해서도 민간 부문에서만큼 높은 수익률을 요구해야 한다는 것이다.

　　그러나 시장 이자율이나 민간 자본의 수익률을 사회적 할인율로 적용하자는 주장은 수용하기 어려운 점이 있다. 우선 ㉠공공 부문의 수익률이 민간 부문만큼 높다면, 민간 투자가 가능한 부문에 굳이 정부가 투자할 필요가 있는가 하는 문제가 제기될 수 있다. 더욱 중요한 것은 시장 이자율이나 민간 자본의 수익률이, 비교적 단기적으로 실현되는 사적 이익을 추구하는 자본 시장에서 결정된다는 점이다. 반면에 사회적 할인율이 적용되는 공공사업은 일반적으로 그 이익이 장기간에 걸쳐 서서히 나타난다. 이러한 점에서 공공사업은 미래 세대를 배려하는 지속 가능한 발전의 이념을 반영한다. 만일 사회적 할인율이 시장 이자율이나 민간 자본의 수익률처럼 높게 적용된다면, 미래 세대의 이익이 저평가되는 셈이다. 그러므로 사회적 할인율은 미래 세대를 배려하는 공익적 차원에서 결정되는 것이 바람직하다.

30 윗글의 글쓴이가 상정하고 있는 핵심적인 질문으로 가장 적절한 것은?

① 시장 이자율과 사회적 할인율은 어떻게 관련되는가?

② 자본 시장에서 미래 세대의 몫을 어떻게 고려해야 하는가?

③ 사회적 할인율이 민간 자본의 수익률에 어떤 영향을 미치는가?

④ 공공사업에 적용되는 사회적 할인율은 어떤 수준에서 결정되어야 하는가?

> ✔해설 글쓴이는 사회적 할인율이 공공사업의 타당성을 진단할 때 사용되는 개념이며 미래 세대까지 고려하는 공적 차원의 성격을 갖고 있음을 밝히고 있다. 이런 면에서 사회적 할인율을 결정할 때 시장 이자율이나 민간 자본의 수익률과 같은 사적 부문에 적용되는 요소들을 고려하자는 주장에 대한 반대 의견과 그 근거를 제시하고 있다. 또한 사회적 할인율은 공익적 차원에서 결정되어야 한다는 자신의 견해를 제시하고 있으므로 사회적 할인율을 결정할 때 고려해야 할 수준에 대해 언급한 질문이 가장 핵심적인 질문이라 할 수 있다.

31 ㉠이 전제하고 있는 것은?

① 민간 투자도 공익성을 고려해서 이루어져야 한다.

② 정부는 공공 부문에서 민간 투자를 선도하는 역할을 해야 한다.

③ 공공 투자와 민간 투자는 동등한 투자 기회를 갖는 것이 바람직하다.

④ 정부는 민간 기업이 낮은 수익률로 인해 투자하기 어려운 공공 부문을 보완해야 한다.

> ✔해설 ㉠은 '실제로 공공 부문의 수익률이 민간 부문보다 높지 않다'는 정보와 '정부는 공공 부문에 투자해야 한다'는 정보를 연상할 수 있다. 따라서 '정부는 낮은 수익률이 발생하는 공공 부문에 투자해야 한다'는 내용을 전제로 하므로 ④가 가장 적합하다.

Answer 30.④ 31.④

32 다음 글을 세 부분으로 나눈 것으로 가장 적절한 것은?

(가) '왜 사는가?'의 '왜'는 어떤 것을 겨냥하는 질문일까? 만일, 원인을 겨냥한다면 그것은 생물학 내지 생리학이 혹은 물리·화학이 대답해 줄 것이다. 내가 세상에 태어나게 된 원인은 생물학 내지 생리학적 작용의 결과였음을 아무도 부인하지 않을 것이다. 그리고 내가 이렇게 걸어다니며 '왜 하는가' 하는 질문을 제기하며 살 수 있는 것은, 내 몸뚱아리의 생리적 기능이 제대로 돌아가 주기 때문이다. 그리고 설사 생리적 기능에 아무 탈이 없다고 하더라도 그 활동에 필요한 물질을 공급해 주지 않았을 때 어찌될 것인가는 불문가지(不問可知)이다. 먹어야 산다는 말은 이것을 꼬집어 주는 말이다. '왜 사는가?'라고 묻는 사람은, 아마도 요즈음 사람은, 지금 말한 그런 사실을 몰라서, 그래서 알고 싶어서 그런 질문을 하지는 않을 것이다. 그렇다면 그것은 의도, 목적 등에 관련된 '왜'라는 질문이라고 해석할 수 밖에 없다.

(나) 이것은 다시 크게 두 가지로 나누어 볼 수 있을 것이다. 첫째는 나의 삶, 나의 존재(存在)를 있게 한 이유(의도, 목적)는 무엇인가 하는 질문이요, 둘째는 현재 내가 죽지 않고 매일 삶을 지속(持續)하는 이유는 무엇인가 하는 질문이다.

(다) 첫째 것에 대해서 우리는 근원적(根源的) 의미에서 아무 말도 할 것이 없음을 안다. 도대체 나의 존재, 인간이 존재를 있게 한 것은 내가 아니기 때문이다. 물론, 아버지나 어머니도 궁극적으로는 거기에 대해 대답하기 어려울 것이다. 왜냐하면, 나를 현재의 모양으로 만든 것은 그들의 의도나 목적의 결과는 아니다. 만일 세계와 인간을 창조한 존재[신]가 있다면, 오직 그만이 첫째 물음에 대한 답을 제시할 수 있을 것이다. '너는 왜 인형을 만들었니?'하는 물음에 대해 올바른 답을 제시할 수 있는 자는 오직 그 인형을 만든 당사자이다. 그러므로 오직 그 인형 제조자에게만 그 질문을 제기하는 것이 옳다. 만약에 그 물음을 인형에게 묻는다면-설사 인형이 말을 한다고 하더라도-인형은 알 수 없을 것이요, 따라서 그 질문은 인형의 피안(彼岸)에 있는 것이다. 만일 그 인형이 그 질문에 대답을 시도하려 한다면, 그것은 무모하고 부질없는 제스처에 지나지 않음을 분명히 알 수 있다.

(라) 둘째 해석은, 내가 이왕 태어난 것은 어쩔 수 없는 사실인데, 현재 삶을 지탱하는 이유나 목적은 무엇인가 하는 것이다. '죽지 못해 산다.'는 말이 있다. 나의 삶의 가능케 한 최초의 시작은 내가 한 게 아니다. 그러나 그 시작이 계속되어 오늘의 나의 삶을 지속하고 있는 것이 숨김없는 삶의 현실이다. 그러니 내가 사는 것은 어떤 특정한 의도나 목적에 의해 계획된 행위의 결과라기보다는 그것의 결여(缺如)에서 나온, 그냥 자연을 따라가는 현상(現像)의 과정이라고 볼 수 있다. '왜 사느냐?'하는 물음은 그런 맹목성에 대한 하나의 의식이며 도전적 몸짓으로 이해할 수 있다.

(마) 위의 따짐으로부터 분명해진 것은 다음의 두 가지 점이다. 첫째로, 도대체 근원적인 의미에서 '삶의 목적은 무엇인가?'라는 물음은 인간이 대답할 수 없다는 점이다. 인간은 자신의 창조자가 아니기에 자기 자신의 존재를 가능케 한 목적이나 의도가 무엇인지 답할 수 없음을 너무나 분명하기 때문이다. 둘째로, '왜 사느냐?'하는 물음을 제기하는 것은 이제까지의 맹목적 삶에 대한 하나의 반성이며, 궁극적으로는 어쩔 수 없는 삶의 현실 - 삶의 목적이 무엇인가에 대한 해답을 내릴 수 없는 - 에 대한 하나의 도전적 몸짓이요, 울분의 표현이다. 이러한 분노와 절망의 길에서 우리가 취할 수 있는 하나의 길은, 이왕 내가 존재하게 된 것이 나의 의도와 무관하다 하더라도, 앞으로의 삶의 양식과 내용은 자신의 계획과 의도에 의해 결정해야겠다는 결의를 하고, 그에 따라 사는 일이다.

① (가)/(나)/(다)(라)(마)
② (가)/(나)(다)/(라)(마)
③ (가)/(나)(다)(라)/(마)
④ (가)(나)/(다)/(라)(마)

✔해설 (가) : 문제 제기
(나) : '왜'라는 질문의 두 가지 의미
(다)(라) : (나)의 부연 설명
(마) : 결론

33 다음 중 글의 내용과 일치하는 것은?

> 미국의 5인조 팝그룹 뉴키즈 온더 블록은 서울에 와서 큰 충격을 주었다.
>
> 아무리 개방화, 국제화 시대라고는 해도 어떻게 10대 소녀들이 외국팝그룹을 맞으며 이토록 광란적인 몸짓과 괴성을 지르며 돌진하는 일이 일어날 수 있으며, 공연장의 소동으로 70여 명이 짓밟혀 졸도하는 사태가 생길 수 있을까하고 경악과 참담함을 표하는 이도 적지 않은 것 같다. 그러나 우리의 현실에서 이 같은 일은 엄연히 일어났으며 우리가 채 알아차리지 못하는 사이에 우리 젊은이들의 사고와 생활방식, 그리고 관심과 행태의 큰 간극을 나타내고 있다.
>
> 그러나 세대차는 오늘의 우리나라만의 문제가 아니며 인류 역사의 보편적 현상일 뿐이다. 청소년들은 욕구와 기대를 담는 그들만의 독특한 세계가 있으며 문화가 있다. 그들의 꿈과 사랑과 희망을 대표해주는 우상도 있다. 그 우상이 가치가 있는가 혹은 무익한 것인가는 문제가 아니다. 그들에겐 그들이 닮고 싶고 사랑하고 싶은 모델적인 존재가 필요하며, 과잉보호와 억압의 울타리 속에서 길러지는 소녀들의 경우는 더욱 스포츠 스타나 가수, 배우 같은 대중스타에 대한 의존이 클 수밖에 없다. 꼭 외국 가수가 아니라도 우리는 농구나 배구 경기장, 가수들의 공연장에서 기성을 지르며 울부짖는 소녀들의 모습을 이미 보아온 터다. 또 어떤 의미에서는 이것이 우리나라만의 현상도 아니다. 석 달 전 베를린에서 또 엊그제는 코트디부아르에서 비슷한 일이 일어난 바 있다.
>
> 따라서 우리는 이 같은 10대 열병이 정상적인 성장과정상의 한 모습일 수 있다는 인식 속에 어떻게 하면 이들이 이 열병을 무사히 헤어나고 그 결과로 더욱 선강한 인격체로 성숙될 수 있을 것인가에 관심을 기울여야 한다. 10대들이 대중 스타를 선망하는 것은 자연스런 일이라 하더라도 이것을 지나치게 조장하는 과오는 범하지 말아야 하며 더욱이나 상업 목적을 위해 이들의 욕구를 충동질하는 일은 없어야겠다. 우리가 특히 주의하고 싶은 것은 청소년들의 욕구와 호기심을 세련되고 순화된 방식으로 표현하고 소화할 수 있는 문화의 장을 많이 만들어 주어야 한다는 것이다.
>
> 질서와 절제를 근본으로 하는 교양교육이 가정과 학교에서 강조되어야 할 필요도 있다. 노래를 즐기고 춤을 즐기고 대군중 속에 묻혀 기분을 푸는 것은 좋은 일이다. 하지만 군중 속에서는 함께 즐길 줄 아는 일정한 교양과 질서의식이 불가결하다. 이번 사태를 하나의 돌발적인 사고로서가 아니라 우리 사회의 성숙을 위한 일정한 경고로 삼는 노력이 있어야겠다.

① 기성세대가 뉴키즈 온더 블록 공연장에서 소동을 보고 경악하고 참담해 하는 것은 젊은이들과의 세대차이라고 볼 수 있다.

② 청소년들이 자신들만의 독특한 세계가 있으며 문화가 있고 그것을 대표하는 우상이 실존하는 현실에서 어른들은 이들이 가치 있고 유익한 우상을 가질 수 있도록 도와주어야 한다.

③ 10대들이 대중스타를 선망하는 것은 자연스러운 일이므로 상업 목적을 위해 이용하는 것은 문제가 없다.

④ 청소년들이 자신들의 욕구와 호기심을 절제할 수 있도록 강압적으로 억압해야한다.

✔ 해설 ① 글의 첫 문단과 두 번째 문단에서 세대차이에 대해 말하고 있다.

34 다음 중 추론의 방법이 밑줄 친 부분과 같은 것은?

학이 천 년, 소나무가 백 년을 뜻하므로 학이 소나무에 올라앉은 그림은 오래 사는 것을 한데 모아서 구성한 것이므로 장수를 상징하며, 학수송령도라고 한다. 사실 학은 소나무 가지에 올라가지 않는다. 워낙 큰 새이기 때문에 나무 위에서 사는 것이 불가능하다. 소나무 위에 올라가 사는 새는 백로(白鷺)로 학과 혼동하기 쉽다. 그러나 이 '학수송령'의 의미를 표현하기 위해서는 반드시 학이라야 한다.

또 학은 파도치는 바닷가에 살지 않는다. <u>학은 초원이나 늪지에 사는 새이다. 그러므로 학이 파도치는 바닷가에 있는 그림은 이치에 맞지 않는다.</u> 이치에 맞지 않음에도 불구하고 그린 이유는 일품당조(一品當朝 : 당대의 조정에서 벼슬이 일품에 오르다)의 의미를 표현하기 위해서이다.

원래 학은 천수 이외에 일품 즉 '제일'이라는 뜻이 있다. 새들을 품평해 볼 때, 우리 선조들은 간결한 것을 숭상했기 때문에 ⓒ학이 역시 일등이었던 것이다. 그래서 '일품'이 되었다. 〈춘향전〉에도 월매까지 집에서 학을 기르는 것을 보면 우리 선조들이 학을 완상(玩賞)하기를 무척 즐긴 듯하다. 그리고 파도치는 바다는 밀물 조(潮)를 의미하며 이것은 조정을 의미하는 조(朝)와 음이 같아서 조정의 의미를 표현하고 있다. 따라서 학이 파도치는 바다에 서 있는 그림은 일품당조(一品當朝), 즉 '당대의 조정에서 벼슬이 일품까지 오르다.'의 뜻을 표현하고 있는 것이다.

---

① 영희는 빨간 모자를 썼다. 빨긴 모자를 쓰지 않은 저 사람은 영희가 아니다.

② 나비, 개미, 파리는 모두 다리가 6개인 곤충이다. 그러므로 다른 곤충들도 모두 다리가 6개일 것이다.

③ 영철이와 영희와 철수는 모두 안경을 쓰고 있다. 그런데 이 학생들은 모두 옆 반의 학생들이다. 따라서 옆 반 학생들은 모두 안경을 쓰고 있음이 분명하다.

④ 태균이와 이야기를 나눈 학생들은 모두 즐거워한다. 태균이는 이야기를 재미있게 하는 사람임에 틀림없다.

✔해설 ② 연역 추리
①③④ 귀납 추리

▌35～36 ▌ 다음 글을 읽고 물음에 답하시오.

보통 알코올 도수가 높은 술은 증류주(蒸溜酒)에 속한다. 중국의 바이주(白酒), 러시아의 보드카, 영국의 위스키, 프랑스의 브랜디가 모두 증류주다. 최근에야 알코올 도수가 20~30%까지 낮아졌지만, 원래 증류주는 40%가 넘었다. 증류를 하는 대상은 주로 양조주(釀造酒)다. 중국의 바이주는 쌀이나 수수로 만든 양조주인 청주나 황주(黃酒)를 먼저 만든 후, 그것을 증류하면 된다. 가오량주(高粱酒)는 그 재료가 수수라서 생긴 이름이다. 위스키는 주로 보리로 양조주인 맥주를 만든 후 그것을 증류해서 만든다. 브랜디는 포도를 원료로 만든 와인을 증류한 술이다. 그렇다면 한국의 소주는 과연 증류주인가.

당연히 증류주라고 해야 옳다. 다만 시중에서 즐겨 마시는 '국민 대중의 술' 소주는 온전한 증류주라고 말하기 어렵다. 상표를 자세히 살펴보면 '희석식 소주'라고 표시돼 있다. 도대체 무엇에 무엇을 희석했다는 것인가. 고구마나 타피오카 같은 곡물에 알코올 분해해 정제시킨 주정(酒精)에 물과 향료를 희석시킨 것이 바로 이 술이다. 주정은 그냥 마시면 너무 독해서 치명적이기에 물을 섞어야 한다. 이와 같은 주정은 결코 전래의 증류 방식이 온전하게 도입된 것이 아니다. 밑술인 양조주를 굳이 만들지 않고 발효균을 넣어 기계에 연속으로 증류시켜 만든다. 당연히 양조주가 지닌 원래의 독특한 향기도 주정에는 없다.

35 다음 중 나머지 것들과 구분되는 것은?

① 청주   ② 황주
③ 위스키   ④ 와인

✔**해설** 청주, 황주, 맥주, 와인은 모두 증류주를 만들기 위한 증류의 대상이 되는 술이고, 위스키는 증류주이다.

36 위 글의 제목으로 가장 적절한 것은?

① 증류주의 역사   ② 양조주의 전통과 향기
③ 전통적 증류주 '소주'   ④ 소주의 정체(正體)

✔**해설** 흔히 증류주로 알려져 있는 소주가 다른 증류주들과 다른 과정으로 제조됨을 설명하고 있으므로 글의 제목으로는 '소주의 정체(正體)'가 가장 적절하다.

▌37~38▐ 다음 글을 읽고 물음에 답하시오.

우리의 전통 문화로서 오늘날 되살려 길이 지켜 갈만한 것으로는 어떤 것이 있을까? 수많은 것이 있겠지만, 부모(父母)를 섬기는 효(孝) 사상이 으뜸이 아닐까 생각한다.

효도(孝道)란, 자기를 낳아 준 제 부모를 극진히 섬기는 사람의 도리이다. 일상생활에서는 정성껏 봉양하고, 정신세계에서는 그 뜻을 받들어 이어 가는 것으로 근본을 삼는다. 따라서 효도는 어버이 생전에만 하는 것이 아니라, 자기 생명이 다하도록 계속해야 한다.

유교 사상의 주축이라 할 오륜(五倫)의 첫째 번에서 아비와 자식의 친함(父子有親)을 말하였고, 또 유교에서는 이 효를 인간의 모든 행위의 근원으로 보고 있기 때문에, 효 사상이라 하면 중국의 유교 사상에서 유래된 것으로 생각하는 사람이 많다.

물론 우리의 효 사상이 유교의 영향을 받아 더욱 다듬어지고, 특히 그 의식(儀式)과 절차(節次)에서 세련되어진 것은 사실이지만, 우리 한국인이 지녀 왔던 효 사상은 유교의 그것과는 좀 다르다.

일반적으로, 중국인이 생각하는 효는 유교에서 비롯된 규범 문화로서, 그것이 곧 생활 의식이요 도덕이다. 그리고 일본인이 생각하는 효는 불교의 영향을 받은 것으로, 자기를 낳고 키워 준 부모의 은공(恩功)에 보답한다는 일종의 보은(報恩) 사상이다.

그러나 우리 한국인의 효는 단순한 도덕적 생활 규범이거나 부모에게서 받은 은혜를 되갚는다는 의리(義理) 감정을 훨씬 넘어선, 관념 문화로서의 종교요 신앙으로 지켜져 왔다. 오늘날까지도, 같은 동양 문화권에 속해 있으면서도 부모와 조상을 섬기는 마음이 이웃 중국 사람이나 일본 사람보다 우리 한국인에게 훨씬 강하게 남아 있는 것은 이 때문이다.

37 윗글의 내용과 일치하지 않는 것은?

① 중국인의 효는 유교에서 비롯된 것으로 생활 의식이요 도덕이다.

② 한국인의 효 사상은 유교의 영향으로 그 의식과 절차가 다듬어졌다.

③ 부모를 섬기는 마음은 중국인이나 일본인이 한국인보다 약하다.

④ 한국인의 효는 유교에서 비롯되어 도덕적 생활 규범으로 정착되있다.

✔ 해설 ④ 우리 한국인이 지녀 왔던 효 사상은 유교의 효와는 다르며, 우리 한국인의 효는 단순한 도덕적 생활 규범이거나 부모에게서 받은 은혜를 되갚는다는 의리(義理) 감정을 훨씬 넘어선, 관념 문화로서의 종교요 신앙으로 지켜져 왔다.

Answer 35.③ 36.④ 37.④

38 윗글의 다음에 나올 내용으로 가장 적절한 것은?

① 한국의 효 사상에 불편한 점이 많으므로 개선해야 함을 주장한다.
② 보은 사상이 한국의 전통적 효 사상의 중심이었음을 강조한다.
③ 한국의 전통적인 효 사상을 종교와 신앙으로 지켜온 예를 든다.
④ 유교가 일본의 효 사상에 끼친 영향에 대해 설명한다.

> ✔해설 ③ 윗글에서는 한국의 효 사상이 유교의 그것과는 다르다고 제시하고 있으므로 다음에 나올 내용으로는 한국의 효 사상이 종교와 신앙으로 지켜져 온 예시가 오는 것이 가장 적절하다.

39 다음 글의 빈칸에 들어갈 말로 가장 적절한 것은?

> 텔레비전은 ＿＿＿＿＿＿＿＿＿＿＿＿＿＿＿＿＿ 전통적인 의미에서의 참다운 친구를 잃은 현대인의 공허함을 메워 주는 역할을 할 수 있다는 말이다. 진정한 친구는 외로울 때에 동반자가 되어 주고, 슬플 때에 위로해 줄 수 있어야 하는데, 텔레비전은 이를 대신해 줄 수 있기 때문이다. 그래서 좋은 텔레비전 프로그램은 진정한 친구가 없는 현대 사회의 많은 청소년에게 따뜻한 친구 역할을 한다. 좋은 음악 프로그램을 들으면서 아름다운 꿈을 키우기도 하고, 감동적인 드라마나 다큐멘터리 프로그램을 통해 깊은 내면의 교감을 나누기도 한다. 텔레비전은 다른 어떤 현실 속의 친구보다도 좋은 친구 역할을 하는 셈이다. 또, 실제 친구들과 나눌 이야깃거리를 제공해 주고, 공통된 화제로 대화를 끌고 가도록 만드는 역할을 하기도 한다.

① 강력한 교육적 기능을 가지고 있다.
② 영향력 있는 사회 교육 교사로서의 역할을 한다.
③ 세상을 살아가는 데 필요한 정보를 얻는 창구이기도 하다.
④ 대화 상대가 필요한 현대인에게 좋은 친구가 될 수 있다.

> ✔해설 주어진 문단에서 참다운 친구를 잃은 현대인의 공허함을 메워주고 친구의 역할을 대신 해주는 텔레비전의 모습을 제시하고 있으므로 빈칸에 들어갈 가장 적절한 문장은 '대화 상대가 필요한 현대인에게 좋은 친구가 될 수 있다.'이다.

40 다음 주어진 문장이 들어갈 위치로 가장 적절한 것은?

> 　신체적인 측면에서 보면 잠든다는 것은 평온하고 안락한 자궁(子宮) 안의 시절로 돌아가는 것과 다름이 없다.

> 　우리는 매일 밤 자신의 피부를 감싸고 있던 덮개(옷)들을 벗어 벽에 걸어 둘 뿐 아니라, 신체 기관을 보조하기 위해 사용하던 여러 도구를, 예를 들면 안경이나 가발, 의치 등도 모두 벗어 버리고 잠에 든다. ㈎ 여기에서 한 걸음 더 나아가면, 우리는 잠을 잘 때 옷을 벗는 행위와 비슷하게 자신의 의식도 벗어서 한쪽 구석에 치워 둔다고 할 수 있다. ㈏ 두 경우 모두 우리는 삶을 처음 시작할 때와 아주 비슷한 상황으로 돌아가는 셈이 된다. ㈐ 실제로 많은 사람들은 잠을 잘 때 태아와 같은 자세를 취한다. ㈑ 마찬가지로 잠자는 사람의 정신 상태를 보면 의식의 세계에서 거의 완전히 물러나 있으며, 외부에 대한 관심도 정지되는 것으로 보인다.

① ㈎　　　　　　　　　　　　② ㈏

③ ㈐　　　　　　　　　　　　④ ㈑

　✔**해설** ㈐의 앞 문장에서 '잠을 잘 때 우리는 삶을 처음 시작할 때와 아주 비슷한 상황으로 돌아간다'고 제시되어 있고, 뒤의 문장에서는 그에 대한 근거 '많은 사람들이 잠을 잘 때 태아와 같은 자세를 취하는 것'에 대해 제시되어 있으므로 주어진 문장에 들어가기에 가장 적절한 곳은 ㈐이다.

41 다음 밑줄 친 ㉠~㉣ 중 〈보기〉의 내용과 가장 관련이 깊은 것은?

어느 나라든지 역사의식은 그 국민의 문화적 생리 위에서 형성되는 것으로 문화 생리를 떠나서는 역사의식을 이해하기가 어렵다. 역사적으로 볼 때, 중국·한국·일본은 같은 동아시아 문화권에 속해 있으면서도 문화 생리가 서로 달라서 이에 따라 역사의식도 적지 않은 차이점을 지녀 왔다. 한국과 일본을 비교할 경우, 한국 사학은 ㉠샤머니즘과 연결된 고대 신앙을 바탕으로 종교적·신화적 역사 서술에서 출발했지만, 고려·조선조를 거치면서 ㉡유교적 합리 정신에 입각한 역사 서술이 깊은 뿌리를 내려 왔다.

일본의 경우 한반도에서 건너간 이주민들에 의해 고대 문화와 고대 국가가 건설되었고, 우리가 건네 준 불교·유교 문화에 의해서 중세 문화가 성장하였지만, 동아시아 문화권의 변경(邊境)에 위치한 지리적 조건과 외부의 침략을 받은 경험이 거의 없는 정치적 조건 등이 작용하여 고대 문화의 생리를 오랫동안 축적하면서 중세와 근대로의 전환을 맞이했던 것이다.

이와 같은 일본 역사의 특수한 전개 과정은 한편으로 한반도 및 대륙 문화와의 문화적 성장 단계의 격차에서 오는 열등감으로 유도되고, 그 열등감이 반사적으로 고대적 생리와 연결되어 비합리적으로 자기 전통을 미화하고, 고대 문화의 직접 전수자인 한반도인을 모멸하는 방향으로 나아가게 된 것이다. ㉢일본인의 대한(對韓) 콤플렉스는 고대와 중세를 통해서는 지방 세력 단위인 왜구의 침략 형태로 나타나지만, 서구의 기술 문명을 받아들인 뒤에는 국가 정책 차원의 침략 형태인 군국주의와 제국주의로 흐르게 된 것이다. 같은 제국주의라도 서구보다 일본이 더 질이 낮은 것은 문화 생리의 성격이 서구와 다른 데서 오는 차이이다.

벌거벗은 왜구 떼들이 신라 변경을 수 없이 노략질하던 7세기경에 일본 국내에서는 커다란 정치적 변화가 나타났다. 반도계 지배 세력을 밀어내면서 이른바 천황 체제가 수립되고, 그를 뒷받침하는 ㉣이데올로기 정리 작업으로서 뒤에 「일본서기(日本書紀)」라는 역사책이 편찬되었다. 이 책은 720년에 편찬된 것으로 되어 있지만, 실제로는 그보다 훨씬 뒤에 나온 것으로 보는 것이 일반적인 견해이다.

「백제 서기」, 「백제 신찬」 등 백제 측 사서를 많이 참고하여 편찬되었다고는 하지만, 이 책은 너무나 근거 없는 허구적 사실들을 많이 수록하여 훗날 일본인 학자들조차도 문학작품으로 간주하는 이들이 적지 않았다. 그런데 그 허구적 기사 가운데 오늘까지도 금과옥조(金科玉條)처럼 떠받들어 지고 있는 것이 바로 임나일본부(任那日本府)와 진쿠황후의 신라 정벌에 관한 기사이다. 「일본서기」를 밀어내고 새로운 천황 국가를 건설한 일본인의 증오와 보복심이 반영된 것이 바로 「일본서기」이다. 왜구가 물질적인 침략 형태라면, 「일본서기」는 정신적인 자기 합리화라 해도 과언이 아니다.

「일본서기」가 위와 같은 성격의 것이라 해도 그것이 나왔을 당시에서는 우리 사학에 아무런 영향을 주지 못했다. 12세기 초에 편찬된 「삼국사기」에는 임나일본부나 진쿠황후에 관한 기록이 전혀 없다. 외적의 침략을 낱낱이 기록한 「삼국사기」가 그러한 사실들을 빠뜨릴 이유가 없다.

에도 시대 말기, 즉 막부(幕府)말기에 일본에서는 이른바 국학 운동이 일어나면서 「고사기」, 「일본서기」 등 고전 연구가 활기를 띠었는데, 이에 따라 한국 연구도 본격화되었다. 그들은 「일본서기」를 그대로 신빙하여 우주 창생에서 일본 건국에 이르는 과정을 종교적으로 서술하고, 태고 때부터 일본이 조선을 지배했다고 주장했다. 이같은 국학 운동의 이면에는 일본 주자학자들의 퇴계 숭상에 대한 반발도 작용하였다. 이보다 앞서 18세기를 전후해서는 우리나라 실학과 비슷한 고학(古學) 운동이 일어나서 부국강병론이 대두되기도 하였다. 고학과 국학 운동은 쇄국에서 탈피하여 대외팽창으로 나아가려는 조짐을 갖기는 마찬가지였고, 그러한 배경에서 마침내는 메이지 초기에 이르러 한국을 징벌하자는 이른바 정한론(征韓論)이 대두하게 된 것이다.

〈보기〉

단군의 수명이 일천 몇 년이라고 되어있는 단군 사회를 재해석하여, 일천 몇 년은 단군 한 사람의 수명이 아니라 단군 왕조의 역년(歷年)으로 해석했다.

① ㉠   ② ㉡

③ ㉢   ④ ㉣

✔해설 〈보기〉는 단군 신화의 종교적·신화적 서술을 합리적으로 해석하였다. 따라서 ㉡과 가장 관련이 깊다.

42 다음 중 (개)~(매)의 중심 내용을 잘못 말한 것은?

(개) 계층이란 불평등은 정당한 것일까? 만일에 많은 사람들이 불평등을 옳지 않은 것으로 보면 기존 사회 구조와 역사는 심각한 도전을 받게 되어 변동의 물결 속에 휩쓸려 들게 된다. 왜냐하면 기존 구조를 정당하지 않은 불평등의 구조로 믿는 사람들이 이것을 바꾸어 놓으려고 하기 때문이다. 곧 전쟁, 혁명, 혁신, 음모, 억압, 숙청 따위의 비극이 생기게 되는 것이다. 유토피아란 무엇일까? 순하디 순한 양이 사나운 늑대와 더불어 평화롭게 살 수 있는 곳이 아닐까? 사슴이 사자와 어깨동무를 하고, 비둘기와 독수리가 손을 맞잡고 사는 세계를 유토피아라고 하면, 유토피아에서는 불평 등이 시기와 분쟁의 촉진제가 아니라 대화와 평화의 촉매제임을 뜻하게 된다. 여기에서는 불평등이 부당한 것으로 인정되지 않는다. 또한 비둘기와 독수리라는 차이 때문에 그들 사이가 더 가까워질 수가 있다. 여기에서의 불평등은 오히려 온당하다.

(나) 불평등이 온당한 것이 아니라고 판단될 때에 사회의 부조리와 역사의 비극이 생기게 되어 많은 사람들이 동물처럼 부려지고 물건처럼 천대받게 될 것이다. 그러면 왜 불평등이 옳지 않은 것으로 보이게 될까? 그리고 정당한 불평등이 있다면 그것은 무엇을 말하는 것일까? 흔히 사회 정의를 정당한 불평등이라고 한다. 이것은 비례적인 불평등을 뜻하기도 한다. 주어진 얼마 안 되는 보상을 무엇 무엇에 비례해서 분배받기 때문에 비례의 기준이 올바르다고 판단되면, 이 분배 기준에 따른 불평등을 올바른 것으로 여긴다. 이때에 사회 정의가 될 수 있는 보상의 분배 기준은 보편타당성을 가져야 한다.

(다) 대체로 인류 역사에 나타난 정의로운 분배 기준은 능력, 노력, 필요 등 세 가지이다. 능력에 따라 분배가 이루어지는 사회가 정의로운 사회이며, 노력에 따라 분배가 이루어지는 역사가 정의로운 역사라고 할 수 있다. 또한 필요에 따라 분배가 이루어져도 우리는 그 사회를 정의로운 사회라고 한다. 그런데 우리는 이 세 가지 기준들 사이에 있는 엄청난 차이에 눈을 주어야 한다. 능력이 있을수록 노력을 적게 해도 되고 능력과 노력에 관계없이 필요한 양은 높아질 수도 있고 또 낮아질 수도 있기 때문이다.

(래) 먼저 능력이라는 기준을 생각할 때에 우리 사회에서 능력에 따라 보상이 분배되고 있는지를 따져 보아야 한다. 예컨대, 능력을 학력으로 잰다고 하자. 학력이 높고 공부를 많이 한 사람들이 돈과 힘과 명예를 참으로 가장 많이 가지고 있을까? 오히려 학력과는 관계없이, 얼마 되지 않는 보상을 놓고 도덕도 원칙도 없이 마구 미친 듯이 덤빌 수 있는 능력에 따라 돈과 힘과 명예가 분배되는 것이나 아닐까? 이 경우의 능력은 정정당당하게 경쟁에 이길 수 있는 능력이 아니라, 부도덕한 일을 겁 없이 해치울 수 있는 능력을 말한다. 여기에서 오는 불평등은 올바른 것이 될 수 없다.

① (개) : 부당한 불평등과 온당한 불평등
② (나) : 정당한 불평등의 개념
③ (다) : 정의로운 분배 기준
④ (래) : 능력에 따른 정당한 불평등

✔ 해설 ④ (래)에서는 도덕적인 원리에 의하지 않고 보상을 가지려는 불평등한 사례가 제시되어 있다.

▌43~44 ▌ 다음 글을 읽고 물음에 답하시오.

현대 사진은 현실을 포장지로밖에 생각하지 않는다. 작가의 주관적 사상이나 감정, 곧 주제를 표현하기 위한 하나의 소재로 현실을 인식한다. 따라서 현실 자체의 의미나 가치에는 연연하지 않는다. 그럼에도 불구하고 현대 사진이 현실에 묶여 떠나지 못하는 것은, 대상이 없는 한 찍히지 않고 실체로서의 현실을 떠나서 성립할 수 없는 사진의 메커니즘 탓이다. 작가의 주관적 사상이나 감정은 구체적 사물을 거치지 않고서는 표현할 길이 없는 것이다. 그러나 사진이 추구하는 바가 현실의 재현이 아니다 보니 현대 사진은 연출을 마음대로 하고, 온갖 기법을 동원해 현실을 재구성하기도 한다. 심지어 필름이나 인화지 위에 인위적으로 손질을 가해 현실성을 지워 버리기도 한다. 현실을 왜곡하는 것에 아무런 구애를 받지 않는 것이다. 구체적인 사물의 정확한 재현에만 익숙해 있던 눈에는 이런 현대 사진이 난해하기만 하다.

이러한 현대 사진의 특성을 고려할 때, 창조적 사진을 위해서 필요한 것은 자유로운 눈이다. 이는 작가에게만 한정된 요구가 아니다. 사진을 현실로 생각하는 수용자 쪽의 고정관념 또한 현대 사진의 이해에 장애가 된다. 발신자와 수신자 사이에 암호가 설정되기 위해서는 수신자 쪽에서도 암호를 해독할 수 있는 바탕이 마련되어 있어야 한다. 작가나 수용자나 고정관념과 인습에서 벗어날 때, 현실과 영상 사이에 벌어진 커다란 틈이 보이게 된다. 그리고 그 때 비로소 사진은 자기의 비밀을 털어놓기 시작한다. 현대 사진에 대한 이해의 첫 관문은 그렇게 해서 통과할 수가 있다.

43 다음 중 글의 내용과 일치하지 않는 것은?

① 사진작가들의 주관적 사상이나 감정을 담은 사진은 현실과 완벽하게 구분되어진다.

② 작가뿐만 아니라 사진을 보는 사람들도 창조적으로 사진을 바라보는 눈이 있어야 한다.

③ 현실의 사물을 그대로 찍어낸 사진은 현대 사진 작가들이 추구하는 바가 아니다.

④ 현대 사진은 다양한 표현 기법을 동원해서 현실을 재구성하기도 한다.

> **해설** ① 현대 사진은 현실에 연연하지는 않지만 대상이 없는 한 사진은 찍히지 않고, 현실을 떠나서는 성립할 수 없는 사진의 메커니즘 탓에 사진과 현실은 완벽하게 구분되어지지 않는다.

44 윗글의 현대 사진 작가와 샤갈이 공통적으로 전제하고 있는 것은?

> 화가 샤갈이 거리에서 캔버스를 세워 놓고 그리기에 열중하고 있을 때, 마침 지나가던 행인 중 한 사람이 큰 소리로 이렇게 외쳤다.
> "별난 사람도 다 있군. 세상에 날아다니는 여자를 그리는 사람 처음 보겠네."
> 이때 샤갈이 뒤돌아보지도 않고 웃으며 던진 한 마디는 이런 것이었다.
> "그러니까 화가지"

① 예술은 다양한 표현 기법을 써서 시대의 문제의식을 표현한다.
② 예술은 현실에서 멀리 떨어져서 바라보는 관조의 대상이 아니다.
③ 예술 작품이 현실을 모방하는 것은 현실의 본질을 간파하지 못했기 때문이다.
④ 고정관념에서 벗어날 때 비로소 창조적인 작가 의식을 드러낼 수 있다.

✔해설 샤갈과 현대 사진 작가는 현실의 고정관념에서 벗어나 창조적인 작품(그림, 사진)으로 자신의 사상 또는 감정을 드러낸다.

45 다음은 고령화 시대의 노인 복지 문제라는 제목으로 글을 쓰기 위해 수집한 자료이다. 자료를 모두 종합하여 설정할 수 있는 논지 전개 방향으로 가장 적절한 것은?

> ⊙ 노령화 지수 추이(통계청)
>
> | 연도 | 1990 | 2000 | 2010 | 2020 | 2030 |
> |------|------|------|------|------|------|
> | 노령화 지수 | 20.0 | 34.3 | 62.0 | 109.0 | 186.6 |
>
> ※ 노령화 지수: 유년인구 100명당 노령인구
>
> ⓒ 경제 활동 인구 한 명당 노인 부양 부담이 크게 증가할 것으로 예상된다. 노인 인구에 대한 의료비 증가로 건강 보험 재정도 위기 상황에 처할 수 있을 것으로 보인다. 향후 노인 요양 시설 및 재가(在家) 서비스를 위해 부담해야 할 투자비용도 막대하다.
> — 00월 00일 ○○뉴스 중 —
>
> ⓒ 연금 보험이나 의료 보험 같은 혜택도 중요하지만 우리 같은 노인이 경제적으로 독립할 수 있도록 일자리를 만들어 주는 것이 더 중요한 것 같습니다.
> — 정년 퇴직자의 인터뷰 중 —

① 노인 인구의 증가 속도에 맞춰 노인 복지 예산 마련이 시급한 상황이다. 노인 복지 예산을 마련하기 위한 구체적 방안은 무엇인가?

② 노인 인구의 급격한 증가로 여러 가지 사회 문제가 나타날 것으로 예상된다. 이러한 상황의 심각성을 사람들에게 어떻게 인식시킬 것인가?

③ 노인 인구의 증가가 예상되면서 노인 복지 대책 또한 절실히 요구되고 있다. 이러한 상황에서 노인 복지 정책의 바람직한 방향은 무엇인가?

④ 노인 인구가 증가하면서 노인 복지 정책에 대한 노인들의 불만도 높아지고 있다. 이러한 불만을 해소하기 위해서 정부는 어떠한 노력을 해야 하는가?

> **✔해설** ㉠㉡을 통해 노인인구 증가에 대한 문제를 제기하고, ㉢을 통해 노인 복지 정책의 바람직한 방향을 금전적인 복지보다는 경제적인 독립, 즉 일자리 창출 등으로 잡아야한다고 논지를 전개해야 한다.

46 다음의 문장들을 문맥에 맞게 배열한 것은?

㉠ 그러므로 생태계 피라미드에서 상층의 존재들은 하층의 존재들을 마음대로 이용해도 된다.

㉡ 결론적으로 인간은 다른 동물들을 얼마든지 잡아먹어도 된다.

㉢ 어떤 사람들은 강한 존재가 약한 존재를 먹고 산다는 것을 의미하는 '약육강식'에 근거하여 동물을 잡아먹는 것을 도덕적으로 정당화하고자 한다.

㉣ 그런데 인간은 생태계 피라미드에서 가장 높은 위치에 있는 존재이다.

㉤ 그들의 논증은 다음과 같다.

㉥ 약육강식은 자연법칙이다.

---

① ㉠ - ㉡ - ㉤ - ㉣ - ㉢ - ㉥

② ㉠ - ㉥ - ㉣ - ㉤ - ㉢ - ㉡

③ ㉢ - ㉤ - ㉥ - ㉠ - ㉣ - ㉡

④ ㉢ - ㉤ - ㉠ - ㉥ - ㉡ - ㉣

> **✔해설** ㉢과 ㉤은 글의 도입이고 이후의 주장 내용은 접속사와 연역법의 논리를 따라가며 순서를 정한다.
> ㉥ 약육강식
> ㉠ 생태계 피라미드에서 상층의 존재들은 하층의 존재들을 마음대로 이용해도 된다.
> ㉣ 인간은 생태계 피라미드에서 가장 높은 위치에 있는 존재이다.
> ㉡ 인간은 다른 동물들을 얼마든지 잡아먹어도 된다(결론).

Answer　44.④　45.③　46.③

47 밑줄 친 부분에 대한 반론으로 가장 타당한 것은?

자연은 인간 사이의 갈등을 이용하여 인간의 모든 소질을 계발하도록 한다. 사회의 질서는 이 갈등을 통해 이루어진다. 이 갈등은 인간의 반사회적 사회성 때문에 초래된다. 반사회적 사회성이란 한편으로는 사회를 분열시키려고 끊임없이 위협하고 반항하면서도, 다른 한편으로는 사회를 이루어 살려는 인간의 성향을 말한다. 이러한 성향은 분명 인간의 본성 가운데에 있다.

인간은 사회 속에서만 자신을 더 나은 존재로 느낄 수 있기 때문에 자신을 사회화하고자 한다. 인간은 사회 속에서만 자신의 자연적 소질을 실현할 수 있는 것이다. 그러나 인간은 자신을 개별화하거나 고립시키려는 강한 성향도 있다. 이는 자신의 의도에 따라서만 행위하려는 반사회적인 특성을 의미한다. 그리고 저항하려는 성향이 자신뿐만 아니라 다른 사람에게도 있다는 사실을 알기 때문에, 그 자신도 곳곳에서 저항에 부딪히게 되리라 예상한다.

이러한 저항을 통하여 인간은 모든 능력을 일깨우고, 나태해지려는 성향을 극복하며, 명예욕이나 지배욕, 소유욕 등에 따라 행동하게 된다. 그리하여 동시대인들 가운데에서 자신의 위치를 확보하게 된다. 이렇게 하여 인간은 야만의 상태에서 벗어나 문화를 이룩하기 위한 진정한 진보의 첫걸음을 내딛게 된다. 이때부터 모든 능력이 점차 계발되고 아름다움을 판정하는 능력도 형성된다. 나아가 자연적 소질에 의해 도덕성을 어렴풋이 느끼기만 하던 상태에서 벗어나, 지속적인 계몽을 통하여 구체적인 실천 원리를 명료하게 인식할 수 있는 성숙한 단계로 접어든다. 그 결과 자연적인 감정을 기반으로 결합된 사회를 도덕적인 전체로 바꿀 수 있는 사유 방식이 확립된다.

인간에게 이러한 반사회성이 없다면, 인간의 모든 재능은 꽃피지 못하고 만족감과 사랑으로 가득 찬 목가적인 삶 속에서 영원히 묻혀 버리고 말 것이다. 그리고 양처럼 선량한 기질의 사람들은 가축 이상의 가치를 자신의 삶에 부여하기 힘들 것이다. 자연 상태에 머물지 않고 스스로의 목적을 성취하기 위해 자연적 소질을 계발하여 창조의 공백을 메울 때, 인간의 가치는 상승되기 때문이다.

불화와 시기와 경쟁을 일삼는 허영심, 막힐 줄 모르는 소유욕과 지배욕을 있게 한 자연에 감사하라! 인간은 조화를 원한다. 그러나 자연은 불화를 원한다. 자연은 무엇이 인간을 위해 좋은 것인지를 더 잘 알고 있기 때문이다. 인간은 안락하고 만족스럽게 살고자 한다. 그러나 자연은 인간이 나태와 수동적인 만족감으로부터 벗어나 노동과 고난 속으로 돌진하기를 원한다. 그렇게 함으로써 자연은 인간이 노동과 고난으로부터 현명하게 벗어날 수 있는 방법을 발견하게 한다.

① 인간의 본성은 변할 수 없다.
② 동물도 사회성을 키울 수 있다.
③ 사회성만으로도 재능이 계발될 수 있다.
④ 반사회성만으로는 재능이 계발될 수 없다.

✔해설 ㉠은 '인간에게 반사회성이 없다면 인간의 모든 재능이 구현되지 못하고 사장될 것이다.'는 내용이므로, '반사회성이 없어도 재능이 계발될 수 있다.'는 ③이 ㉠에 대한 반론으로 가장 타당하다.

48 글의 저자가 표준어 규정 및 맞춤법 규정 등이 지켜지지 않는 이유로 제시하고 있는 것은?

> 우리말에서 신경을 써서 가꾸고 다듬어야 할 요소들은 여러 가지가 있지만, 반드시 강조해 두고 싶은 것은 규범을 지키는 언어생활이다.
>
> 우리는 우리말 사용에서 나타날 수 있는 혼란을 방지하기 위하여 표준어 규정, 맞춤법 규정, 표준 발음 규정, 외래어 표기법 같은 국가적 차원의 규범을 만들어 놓고 언어생활에서 이를 지키도록 하고 있다. 나는 소위 선진국이라는 나라에 몇 번 머무를 기회가 있었는데, 철자를 잘못 적는 일은 한 번도 목격한 적이 없다. 이에 반해 우리의 실정은 어떠한가? 거리에 나가 거닐면서 각종 상점의 간판, 광고, 표지 등을 잠깐만 살펴보더라도, 규범을 지키지 않은 사례들이 한두 건은 어렵지 않게 찾아낼 수 있을 정도이다. 또, 공식적인 자리에서조차 표준이 규정이니 표준 발음에 어긋나는 말을 시 습지 않고 하거나, 심지어 영어 철자법에는 자신이 있는데 한글 맞춤법은 어려워서 영 자신이 없다고 무슨 자랑거리라도 되는 듯이 이야기하는 지식인을 본 적도 있다. 사실, 영어의 철자는 너무나도 불규칙해서 송두리째 암기하지 않으면 안 된다. 이에 비하면, 우리말의 맞춤법은 영어와는 비교가 되지 않을 정도로 쉽다. 그런데도 우리말의 맞춤법이 어렵다고 생각하게 되었다면, 그것은 결국 우리말을 소홀하게 생각해 온데서 비롯된 결과가 아니겠는가?

① 우리말에 대한 국민의 관심이 적다.
② 새로 바뀐 맞춤법의 교육이 이루어지지 않았다.
③ 정부의 정책적인 홍보가 부족하다.
④ 표준어 규정이나 맞춤법 규정 등의 내용이 너무 어렵다.

✔ 해설 윗글의 저자는 우리말의 맞춤법이 영어보다 쉬운데도 불구하고 어렵다고 생각되는 것은 국민들이 우리말을 소홀하게 생각하는 데서, 즉 우리말에 대한 관심이 적은 데서 비롯된 결과라고 보고 있다.

49 다음 글의 기술 방식상 특징을 바르게 이해한 것은?

> 집을 나섰다. 리무진 버스를 타고 거대한 영종대교를 지나 인천공항에 도착해보니 사람들로 북적거렸다. 실로 많은 사람들이 해외를 오가고 있다고 생각하니 '세계화, 지구촌'이란 단어들이 새로운 느낌으로 다가왔다. 출국 수속을 마치고 비행기표를 받았다. 출발까지는 한참을 기다려야 했기에 공항 내 이곳저곳을 두루 살펴보면서 아들과 그동안 못 나눈 이야기로 시간을 보냈다.

① 객관적 정보와 사실들을 개괄하여 설명한다.
② 공항의 풍경과 사물들을 세밀하게 묘사한다.
③ 개인적 감정과 견해를 타인에게 설득시킨다.
④ 시간의 경과에 따른 체험과 행위를 서술한다.

> ✔해설 집을 나섬 → 영종대교를 지남 → 인천공항에 도착 → 출국 수속을 마침 → 공항 구경으로 이어지고 있다. 따라서 정답은 ④ '시간의 경과에 따른 체험과 행위를 서술한다'가 된다.

50 다음 제시된 내용의 전개방식과 유사한 것은?

> 달리소에는 회오리바람이 일어서 낟가리가 날리고 지붕이 날리고 산천이 울려서 혼돈이 배판할 때 빙세계나 트는 듯한 판이라 사람은커녕 개와 도야지도 굴속에서 꿈쩍 못 하였다.

① 사람은 사회적 동물이다. 사람은 본성적으로 다른 사람들과 공동체를 이루어 살게 되어있다. 따라서 자기 자신만을 내세우는 유아독존적 생활태도는 지양되어야 한다. 토마스 만의 말대로 인간은 하나하나의 개체로서가 아니라 그 개체의 상호 연합에 의해서만 위대성이 구현되기 때문이다.
② 동래 종점에서 전차를 내리자, 동욱이가 쪽지에 그려 준 약도를 몇 번이나 펴 보이며 진득진득 걷기 힘든 비탈길을 원구는 조심히 걸어 올라갔다. 비는 여전히 줄기차게 내리고 있었다. 우산을 받기는 했으나, 비가 후려쳐 말이 아니었다.
③ 오늘날처럼 모든 것이 급속하게 발전되어 가는 사회 속에 살면서 그러한 묵은 전통 세계에만 집착하는 것은 현대 문명 생활을 버리고 산이나 동굴 속으로 파고드는 것과 마찬가지이다.
④ 햇살에 비껴서 타오르는 불길 모양 너울거리곤 하는 연기는 마치 마술을 부리듯 소리 없이 사방으로 번져 건물 전체를 뒤덮고, 점점 더 부풀어 들을 메우며 제방의 개나리와 엉기고 말았다.

> ✔해설 지문의 내용은 묘사가 사용되었다.
> ① 논증 ② 서사 ③ 설명 ④ 묘사

서양 음악에서 기악은 르네상스 말기에 탄생하였지만 바로크 시대에 이르면서 악기의 발달과 함께 다양한 장르를 형성하면서 비약적인 발전을 이루게 된다. 하지만 가사가 있는 성악에 익숙해져 있던 사람들에게 기악은 내용 없는 공허한 울림에 지나지 않았다. 이러한 비난을 면하기 위해 기악은 일정한 의미를 가져야하는 과제를 안게 되었다.

바로크 시대의 음악가들은 이러한 과제에 대한 해결의 실마리를 '정서론'과 '음형론'에서 찾으려 했다. 이 두 이론은 본래 성악 음악을 배경으로 태동하였으나 점차 기악 음악에도 적용되었다. 정서론에서는 웅변가가 청중의 마음을 움직이듯 음악가도 청자들의 정서를 움직여야 한다고 본다. 그렇게 하기 위해서는 한 곡에 하나의 정서만이 지배적이어야 한다. 그것은 연설에서 한 가지 논지가 일관되게 견지되어야 설득력이 있는 것과 같은 이유에서였다.

한편 음형론에서는 가사의 의미에 따라 그에 적합한 음형을 표현 수단으로 삼는데, 르네상스 후기 마드리갈이나 바로크 초기 오페라 등에서 그 예를 찾을 수 있다. 바로크 초반의 음악 이론가 부어마이스터는 마치 웅변에서 말의 고저나 완급, 장단 등이 호소력을 이끌어 내듯 음악에서 이에 상응하는 효과를 낳는 장치들에 주목하였다. 예를 들어, 가사의 뜻에 맞춰 가락이 올라가거나, 한동안 쉬거나, 음들이 딱딱 끊어지게 연주하는 방식 등이 이에 해당한다.

바로크 후반의 음악 이론가 마테존 역시 수사학 이론을 끌어들여 어느 정도 객관적으로 소통될 수 있는 음 언어에 대해 설명하였다. 또한 기존의 정서론을 음악 구조에까지 확장하며 당시의 음조(音調)를 특정 정서와 연결하였다. 마테존에 따르면 다장조는 기쁨을, 라단조는 경건하고 웅장함을 유발한다.

그러나 마테존의 진정한 업적은 음악을 구성적 측면에서 논의한 데 있다. 그는 성악곡인 마르첼로의 아리아를 논의하면서 그것이 마치 기악곡인 양 가사는 전혀 언급하지 않은 채, 주제가락의 착상과 치밀한 전개 방식 등에 집중하였다. 이는 가락, 리듬, 화성과 같은 형식적 요소가 중시되는 순수 기악 음악의 도래가 멀지 않았음을 의미하는 것이었다. 실제로 한 세기 후 음악 미학자 한슬리크는 음악이 사람의 감정을 묘사하거나 표현하는 것이 아니라, 음들의 순수한 결합 그 자체로 깊은 정신세계를 보여주는 것이라 주장하기에 이른다.

51 서양 음악에서의 기악에 대한 설명으로 옳은 것은?

① 기악은 내용 없는 공허한 울림에 지나지 않는다는 비난을 면하기 위해 정서론과 음형론이 제시되었다.

② 르네상스 말기에 다양한 장르를 형성하면서 비약적인 발전을 이루게 된다.

③ 음형론에서는 웅변가가 청중의 마음을 움직이듯 음악가도 청자들의 정서를 움직여야 한다고 본다.

④ 마테존은 순수 기악 음악의 창시자이다.

✔해설 ② 서양 음악에서의 기악은 바로크 시대에 이르면서 악기의 발달과 함께 다양한 장르를 형성하면서 비약적인 발전을 이루게 된다.

③ 정서론에서는 웅변가가 청중의 마음을 움직이듯 음악가도 청자들의 정서를 움직여야 한다고 본다.

④ 마테존은 음악을 구성적 측면에서 논의하였고 이는 순수 기악 음악의 도래가 멀지 않았음을 의미하는 것이었다.

Answer   49.④   50.④   51.①

52 정서론과 음형론의 관점에서 기악을 비유한 것으로 적절하지 않은 것은?

① 정서론 : 기악은 연설에서 한 가지 논지가 일관되게 견지되어야 설득력이 있는 것과 같다.

② 음형론 : 기악은 웅변에서 말의 고저나 완급, 장단 등이 호소력을 이끌어 내는 것과 같다.

③ 정서론 : 기악은 웅변가가 청중의 마음을 움직이는 것과 같다.

④ 음형론 : 기악은 연설에서 연설문이 서론, 본론, 결론으로 구조가 나뉘는 것과 같다.

✔해설 ④ 음형론의 관점에서 기악은 웅변에서 말의 고저나 완급, 장단 등이 호소력을 이끌어 내는 것과 같다고 하였을 뿐 연설에서 연설문이 서론, 본론, 결론으로 구조가 나뉘는 것과 같다고 비유하지는 않았다.

53 밑줄 친 부분의 사례로 알맞지 않은 것은?

농업 사회는 촌락 공동체의 특징적 요소인 지역성, 사회적 상호 작용, 공동의 결속감 등이 자연스럽게 구현되고 재생산되기에 적합한 사회 경제적 구조가 전제 조건이었다. 전통적 의미의 공동체는 위의 세 가지 요소를 빠짐없이 고루 갖추고 있는 집단에만 적용할 수 있는 명칭이었으나 현대인의 공동체적 삶에 대한 희구와 열망은 본래적 개념의 경계를 넘어서 공동의 목적과 이념을 추구하는 새로운 형태의 공동체 운동을 시도해 왔다.

도시 공동체는 도시를 기본 단위로 도시의 주거·직장·여가활동을 위해 필요로 하는 시설, 자원, 제도가 사람이 사는 터전을 중심으로 유지되는 공동체로서 자연 발생적 공동체가 아닌 '의도적 공동체'라고 할 수 있다. 이 '의도적 공동체' 가운데 코뮌(commune)은 구성원들이 지리적으로 근접해 있어 일정한 테두리 속에서 일상적 상호 작용을 하며, 정서적으로도 밀접하게 통합되어 있다. 이 코뮌은 생산물과 재산의 사적 소유를 금지하고 모든 것을 공동 분배·관리하는 공산제적 성격의 집단을 그 전형(典型)으로 하며, 코뮌의 참여자들은 애초부터 어떤 이념 기치 아래 자발적으로 공동의 생활을 영위한다. 코뮌에서는 모든 경제 행위와 인간관계, 문화 활동 등 생활의 전 영역을 공동으로 해결하므로 주거 공간과 노동 조건 같은 삶의 자족적 시스템이 창출(創出)되는 것이 전제 조건이다.

그러나 도시에서는 코뮌 같은 공동생활의 자족적 시스템을 스스로 만들어내기가 현실적으로 어렵다. 따라서 공간적 근접성으로 인한 상호 접촉의 기회가 상대적으로 높고, 공동의 이해관계를 발견하기가 비교적 쉬운 기존의 물리적 조건을 활용해서 <u>공동체적 요소가 강한 사회 문화적으로 동질화된 세력을 구성하려는 시도(試圖)</u>를 한다. 또한 생활의 영역 가운데 가장 주된 관심사 한, 두 가지의 공동 이해(利害)를 기반으로 단일한 목적이나 이념을 갖는 사람들로 목적 지향적 집단인 '협동조합'을 구성하려는 경향도 있다. 그러나 실제 도시에서 시도되는 공동체의 성격을 보면 공동체적 요소들의 다양한 조합(組合)으로 나타나기 때문에 유형화하기가 쉽지 않다. 이를테면 아파트와 같은 정주(定住) 공동체는 구성을 시도하는 시점부터 거주 시설의 집단화라는 조건이 있으므로 지역성 즉, 공간 근접성은 높지만 구성원들의 목적의식이나 가치관의 동질성은 그리 높다고 할 수 없다.

① 언론사에서 주최한 봄철 마라톤 대회에 참가하기 위해 공원에 모였다.

② 고등학교를 졸업한 동창들이 학교 발전을 위한 동창회를 조직하기 위해 모였다.

③ 마을 단위의 주민들이 공동으로 생산하고 소비하는 자치 마을을 만들기 위해 모였다.

④ 시민들이 어려운 이웃을 돕기 위한 봉사 모임을 결성하기 위해서 시민 단체에 모였다.

✔️해설 ①의 개인이 마라톤 대회에 참가하는 행위는 동질화된 세력을 구성하려는 시도로 볼 수 없으므로 밑줄 친 부분의 사례로 적절하지 않다.

▌54~56▐ 다음 글을 읽고 물음에 답하시오.

_____는 속담이 있듯이 다른 사람들의 행동을 따라하는 것을 심리학에서는 '동조(同調)'라고 한다. OX 퀴즈에서 답을 잘 모를 때 더 많은 사람들이 선택하는 쪽을 따르는 것도 일종의 동조이다.

심리학에서는 동조가 일어나는 이유를 크게 두 가지로 설명한다. 첫째는, 사람들은 자기가 확실히 알지 못하는 일에 대해 남이 하는 대로 따라 하면 적어도 손해를 보지는 않는다고 생각한다는 것이다. 낯선 지역을 여행하던 중에 식사를 할 때 여행객들은 대개 손님들로 북적거리는 식당을 찾게 마련이다. 식당이 북적거린다는 것은 그만큼 그 식당의 음식이 맛있다는 것을 뜻한다고 여기기 때문이다. 둘째는, 어떤 집단이 그 구성원들을 이끌어 나가는 질서나 규범 같은 힘을 가지고 있을 때, 그러한 집단의 압력 때문에 동조 현상이 일어난다는 것이다. 만약 어떤 개인이 그 힘을 인정하지 않는다면 그는 집단에서 배척당하기 쉽다. 이런 사정 때문에 사람들은 집단으로부터 소외되지 않기 위해서 동조를 하게 된다. 여기서 주목할 것은 자신이 믿지 않거나 옳지 않다고 생각하는 문제에 대해서도 동조의 입장을 취하게 된다는 것이다.

상황에 따라서는 위의 두 가지 이유가 함께 작용하는 경우도 있다. 예컨대 선거에서 지지할 후보를 결정하고자 할 때 사람들은 대개 활발하게 거리 유세를 하며 좀 더 많은 지지자들의 호응을 이끌어 내는 후보를 선택하게 된다. 곧 지지자들의 열렬한 태도가 다른 사람들도 그 후보를 지지하도록 이끄는 정보로 작용한 것이다. 이때 지지자 집단의 규모가 클수록 지지를 이끌어 내는 데에 효과적으로 작용한다.

동조는 개인의 심리 작용에 영향을 미치는 요인이 무엇이냐에 따라 그 강도가 다르게 나타난다. 가지고 있는 정보가 부족하여 어떤 판단을 내리기 어려운 상황일수록, 자신의 판단에 대한 확신이 들지 않을수록 동조 현상은 강하게 나타난다. 또한 집단의 구성원 수가 많고 그 결속력이 강할 때, 특정 정보를 제공하는 사람의 권위와 그에 대한 신뢰도가 높을 때도 동조 현상은 강하게 나타난다. 그리고 어떤 문제에 대한 집단 구성원들의 만장일치 여부도 동조에 큰 영향을 미치게 되는데, 만약 이때 단 한 명이라도 이탈자가 생기면 동조의 정도는 급격히 약화된다.

어떤 사람이 길을 건너려고 할 때 무단 횡단하는 사람들이 있으면 별 생각 없이 따라 하는 것처럼, 동조 현상은 ⊙부정적인 경우에도 일어난다. 그러나 정류장에서 차례로 줄을 서서 버스를 기다리는 모습처럼 긍정적으로 작용하는 경우도 많다.

54 윗글에 대한 설명으로 옳지 않은 것은?

① 정보제공자의 권위와 그에 대한 신뢰도는 동조 현상의 강도에 영향을 미친다.
② 심리학에서는 집단의 압력 때문에 동조가 일어난다고 본다.
③ 심리학에서는 남이 하는 대로 따라하면 손해를 보지는 않는다고 생각하는 것이 동조의 이유라고 본다.
④ 정보가 충분하지만, 자신의 판단에 대한 확신이 들지 않을 때 동조 현상이 가장 강하게 나타난다.

> ✔해설 ④ 네 번째 문단에서 정보가 부족하여 어떤 판단을 내리기 어려운 상황일수록, 자신의 판단에 대한 확신이 들지 않을수록 동조 현상은 강하게 나타난다고 말하고 있다.

55 윗글의 밑줄 친 부분에 들어갈 속담으로 적절한 것은?

① 초록은 동색이다.
② 친구 따라 강남 간다.
③ 가재는 게 편이다.
④ 모로 가도 서울만 가면 된다.

> ✔해설 ② 윗글에서는 다른 사람의 행동을 따라하는 '동조'에 대해 설명하고 있으므로, '남에게 이끌려서 덩달아 하게 됨'을 이르는 말인 '친구 따라 강남 간다'가 밑줄 친 부분에 들어가는 것이 적절하다.

56 다음 중 밑줄 친 ㉠의 예로 적절한 것은?

① 주차장이 아닌 길가에 주차된 차들 옆에 차를 주차한다.
② 자동차를 구매할 때 주변에서 많이 보이는 차종을 구매한다.
③ 사람이 많이 붐비는 맛집에 줄을 서서 식사를 한다.
④ 식당에 가서 부장님이 시키신 메뉴로 모두 통일한다.

> ✔해설 ① ㉠은 '어떤 사람이 길을 건너려고 할 때 무단 횡단하는 사람들이 있으면 별 생각 없이 따라 하는 것'처럼 동조 중에서도 규범을 어기는 등 부정적인 경우를 말한다. 이에 해당하는 것은 ①번이다.

57 다음 두 글에서 공통적으로 말하고자 하는 것은 무엇인가?

> (가) 많은 사람들이 기대했던 우주왕복선 챌린저는 발사 후 1분 13초만에 폭발하고 말았다. 사건조사
> 단에 의하면, 사고원인은 챌린저 주엔진에 있던 O – 링에 있었다. O – 링은 디오콜사가 NASA로
> 부터 계약을 따내기 위해 저렴한 가격으로 생산될 수 있도록 설계되었다. 하지만 첫 번째 시험에
> 들어가면서부터 설계상의 문제가 드러나기 시작하였다. NASA의 엔지니어들은 그 문제점들을 꾸
> 준히 제기했으나, 비행시험에 실패할 정도의 고장이 아니라는 것이 디오콜사의 입장이었다. 하지
> 만 O – 링을 설계했던 과학자도 문제점을 인식하고 문제가 해결될 때까지 챌린저 발사를 연기하
> 도록 회사 매니저들에게 주지시키려 했지만 거부되었다. 한 마디로 그들의 노력이 미흡했기 때문
> 이다.
> (나) 과학의 연구 결과는 사회에서 여러 가지로 활용될 수 있지만, 그 과정에서 과학자의 의견이 반영
> 되는 일은 드물다. 과학자들은 자신이 책임질 수 없는 결과를 이 세상에 내놓는 것과 같다. 과학
> 자는 자신이 개발한 물질을 활용하는 과정에서 나타날 수 있는 위험성을 충분히 알리고 그런 물
> 질의 사용에 대해 사회적 합의를 도출하는 데 적극 협조해야 한다.

① 과학적 결과의 장단점

② 과학자와 기업의 관계

③ 과학자의 윤리적 책무

④ 과학자의 학문적 한계

✔해설 (가)에서 과학자가 설계의 문제점을 인식하고도 노력하지 않았기 때문에 결국 우주왕복선이 폭발하고
마는 결과를 가져왔다고 말하고 있다. (나)에서는 자신이 개발한 물질의 위험성을 알리고 사회적 합의
를 도출하는 데 협조해야 한다고 말하고 있다. 두 글을 종합해보았을 때 공통적으로 말하고자 하는
바는 '과학자로서의 윤리적 책무를 다해야 한다'라는 것을 알 수 있다.

Answer 54.④ 55.② 56.① 57.③

58 다음 글을 읽고 보인 반응으로 적절한 것은?

이어폰으로 스테레오 음악을 들으면 두 귀에 약간 차이가 나는 소리가 들어와서 자기 앞에 공연장이 펼쳐진 것 같은 공간감을 느낄 수 있다. 이러한 효과는 어떤 원리가 적용되어 나타난 것일까?

사람의 귀는 주파수 분포를 감지하여 음원의 종류를 알아내지만, 음원의 위치를 알아낼 수 있는 직접적인 정보는 감지하지 못한다. 하지만 사람의 청각 체계는 두 귀 사이 그리고 각 귀와 머리 측면 사이의 상호 작용에 의한 단서들을 이용하여 음원의 위치를 알아낼 수 있다. 음원의 위치는 소리가 오는 수평·수직 방향과 음원까지의 거리를 이용하여 지각하는데, 그 정확도는 음원의 위치와 종류에 따라 다르며 개인차도 크다. 음원까지의 거리는 목소리 같은 익숙한 소리의 크기와 거리의 상관관계를 이용하여 추정한다.

음원이 청자의 정면 정중앙에 있다면 음원에서 두 귀까지의 거리가 같으므로 소리가 두 귀에 도착하는 시간 차이는 없다. 반면 음원이 청자의 오른쪽으로 치우치면 소리는 오른쪽 귀에 먼저 도착하므로, 두 귀 사이에 도착하는 시간 차이가 생긴다. 이때 치우친 정도가 클수록 시간 차이도 커진다. 도착순서와 시간 차이는 음원의 수평 방향을 알아내는 중요한 단서가 된다.

음원이 청자의 오른쪽 귀 높이에 있다면 머리 때문에 왼쪽 귀에는 소리가 작게 들린다. 이러한 현상을 '소리 그늘'이라고 하는데, 주로 고주파 대역에서 일어난다. 고주파의 경우 소리가 진행하다가 머리에 막혀 왼쪽 귀에 잘 도달하지 않는데 비해, 저주파의 경우 머리를 넘어 왼쪽 귀까지 잘 도달하기 때문이다. 소리 그늘 효과는 주파수가 1,000Hz 이상인 고음에서는 잘 나타나지만, 그 이하의 저음에서는 거의 나타나지 않는다. 이 현상은 고주파 음원의 수평 방향을 알아내는 데 특히 중요한 단서가 된다.

한편, 소리는 귓구멍에 도달하기 전에 머리 측면과 귓바퀴의 굴곡의 상호 작용에 의해 여러 방향으로 반사되고, 반사된 소리들은 서로 간섭을 일으킨다. 같은 소리라도 소리가 귀에 도달하는 방향에 따라 상호 작용의 효과가 달라지는데, 수평 방향뿐만 아니라 수직 방향의 차이도 영향을 준다. 이러한 상호 작용에 의해 주파수 분포의 변형이 생기는데, 이는 간섭에 의해 어떤 주파수의 소리는 작아지고 어떤 주파수의 소리는 커지기 때문이다. 이 또한 음원의 방향을 알아낼 수 있는 중요한 단서가 된다.

---

① 사람은 음원을 들었을 때 그 음원의 위치를 알 수가 없는 거네.

② 음원의 위치는 모든 사람들이 정확하게 지각할 수 있는 거구나.

③ 음원이 두 귀에 도착하는 순서와 시간의 차이는 음원의 수평 방향을 알아내는 중요한 단서인거네.

④ '소리 그늘' 현상은 고주파 음원의 수직 방향을 알아내는데 중요한 단서야.

✔**해설** ① 사람의 귀는 음원의 위치를 알아낼 수 있는 직접적인 정보는 감지하지 못한다. 하지만 여러 단서들을 이용하여 음원의 위치를 알아낼 수 있다.
② 음원의 위치를 지각하는 정확도는 음원의 위치와 종류에 따라 다르며 개인차도 크다.
④ '소리 그늘' 현상은 고주파 음원의 수평 방향을 알아내는 데 특히 중요한 단서가 된다.

59 다음 글을 읽고 빈칸에 들어갈 알맞은 진술로 가장 적합한 것은?

'실은 몰랐지만 넘겨짚어 시험의 정답을 맞힌' 경우와 '제대로 알고 시험의 정답을 맞힌' 경우를 구별할 수 있을까? 또 무작정 외워서 쓴 경우와 제대로 이해하고 쓴 경우는 어떤가? 전자와 후자는 서로 다르게 평가받아야 할까, 아니면 동등한 평가를 받는 것이 마땅한가?

선택형 시험의 평가는 오로지 답안지에 표기된 선택지가 정답과 일치하는가의 여부에만 달려 있다. 이는 위의 첫 번째 물음이 항상 긍정으로 대답되지는 않으리라는 사실을 말해준다. 그러나 만일 시험관이 답안지를 놓고 응시자와 면담할 기회가 주어진다면, 시험관은 응시자에게 그가 정답지를 선택한 근거를 물음으로써 그가 과연 문제에 관해 올바른 정보와 추론 능력을 가지고 있었는지 검사할 수 있을 것이다.

예를 들어 한 응시자가 '대한민국의 수도가 어디냐?'는 물음에 대해 '서울'이라고 답했다고 하자. 그렇게 답한 이유가 단지 '부모님이 사시는 도시라 이름이 익숙해서'였을 뿐, 정작 대한민국의 지리나 행정에 관해서는 아는 바 없다는 사실이 면접을 통해 드러났다고 하자. 이 경우에 시험관은 이 응시자가 대한민국의 수도에 관한 올바른 정보를 갖고 있다고 인정하기 어려울 것이다. 이 예는 응시자가 올바른 답을 제시하는데 필요한 정보가 부족한 경우이다.

그렇다면, 어떤 사람이 문제의 올바른 답을 추론해내는 데 필요한 모든 정보를 갖고 있었고 실제로도 정답을 제시했다는 것이, 그가 문제에 대한 올바른 추론 능력을 가지고 있다고 할 필요충분조건이라고 할 수 있는가?

어느 도난사건을 함께 조사한 홈즈와 왓슨이 사건의 모든 구체적인 세부사항, 예컨대 범행 현장에서 발견된 흙발자국의 토양 성분 등에 관한 정보뿐 아니라 올바른 결론을 내리는 데 필요한 모든 일반적 정보, 예컨대 영국의 지역별 토양의 성분에 관한 정보 등을 똑같이 갖고 있었고, 실제로 동일한 용의자를 범인으로 지목했다고 하자. 이 경우 두 사람의 추론을 동등하게 평가해야 하는가? 그렇지 않다. 예컨대 왓슨은 모든 정보를 완비하고 있었음에도 불구하고, 이름에 모음의 수가 가장 적다는 엉터리 이유로 범인을 지목했다고 하자. 이런 경우에도 우리는 왓슨의 추론에 박수를 보낼 수 있을까? 아니다. 왜냐하면 _____

① 왓슨은 일반적으로 타당한 개인적 경험을 토대로 추론했기 때문이다.

② 왓슨은 올바른 추론의 방법을 알고 있었음에도 불구하고 요행을 우선시했기 때문이다.

③ 왓슨은 추론에 필요한 전문적인 훈련을 받지 못해서 범인을 잘못 골랐기 때문이다.

④ 왓슨은 올바른 추론에 필요한 정보를 가지고 있긴 했지만 그 정보와 무관하게 범인을 지목했기 때문이다.

> ✔해설 왓슨의 추론은 필요한 모든 정보가 있음에도 이와 무관하게 엉터리 이유로 범인을 지목했기 때문에 박수를 받을 수 없다. 그러므로 "올바른 추론에 필요한 정보를 가지고 있긴 했지만 그 정보와 무관하게 범인을 지목했기 때문이다."가 빈칸에 들어가야 한다.

Answer 58.③ 59.④

60 다음 글을 읽고 알 수 있는 내용이 아닌 것은?

> 노자의 『도덕경』을 관통하고 있는 사고방식은 "차원 높은 덕은 덕스럽지 않으므로 덕이 있고, 차원 낮은 덕은 덕을 잃지 않으므로 덕이 없다."에 잘 나타나 있다. 이 말에서 노자는 '덕스럽지 않음'과 '덕이 있음', '덕을 잃지 않음'과 '덕이 없음'을 함께 서술해 상반된 것이 공존한다는 생각을 보여 주고 있다. 이러한 사고방식은 '명(名)'에 대한 노자의 견해와 맞닿아 있다.
>
> 노자는 하나의 '명(A)'이 있으면 반드시 '그와 반대되는 것(~A)'이 있으며, 이러한 공존이 세계의 본질적인 모습이라고 생각했다. 이 관점에서 보면, '명'은 대상에 부여된 것으로 존재나 사태의 한 측면만을 규정할 수 있을 뿐이다. "있음과 없음이 서로 생겨나고, 길고 짧음이 서로 형체를 갖추고, 높고 낮음이 서로 기울어지고, 앞과 뒤가 서로 따른다."라는 노자의 말은 A와 ~A가 같이 존재하는 세계의 모습에 대해 비유적으로 말한 것이다.
>
> 노자에 따르면, A와 ~A가 공존하는 실상을 알지 못하는 사람들은 'A는 A이다.'와 같은 사유에 매몰되어 세계를 온전하게 이해하지 못한다. 이 관점에서 보면 인(仁), 의(義), 예(禮), 충(忠), 효(孝) 등을 지향함으로써 사회의 무질서를 바로잡을 수 있다고 본 유가(儒家)의 입장에 대한 비판이 가능하다. 유가에서의 인, 의, 예, 충, 효 등과 같은 '명'의 강화는 그 반대적 측면을 동반하게 되어 결국 사회의 혼란이 가중되는 방향으로 나아가게 된다고 비판할 수 있는 것이다.
>
> 노자는 "법령이 더욱 엄하게 되면 도적도 더 많이 나타난다."라고 하였다. 도적을 제거하기 위해 법령을 강화하면 도적이 없어져야 한다. 그러나 아무리 법이 엄격하게 시행되어도 범죄자는 없어지지 않고, 오히려 교활한 꾀와 탐욕으로 그 법을 피해 가는 방법을 생각해 내는 도적들이 점차 생기고, 급기야는 그 법을 피해 가는 도적들이 더욱더 많아지게 된다는 것이 노자의 주장이다. 이러한 노자의 입장에서 볼 때, 지향해야만 하는 이상적 기준으로 '명'을 정해 놓고 그것이 현실에서 실현되어야 사회 질서가 안정된다는 주장은 설득력이 없다.
>
> '명'에 관한 노자의 견해는 이기심과 탐욕으로 인한 갈등과 투쟁이 극심했던 사회에 대한 비판적 분석이면서 동시에 그 사회의 혼란을 해소하기 위한 것이라고 할 수 있다. 노자는 당대 사회가 '명'으로 제시된 이념의 지향성과 배타성을 이용해 자신의 사익을 추구하는 개인들로 가득 차 있다고 여겼다. 노자는 문명사회를 탐욕과 이기심 및 이를 정당화시켜 주는 이념의 산물로 보고, 적은 사람들이 모여 욕심 없이 살아가는 소규모의 원시 공동체 사회로 돌아가야 한다고 주장하였다. 노자는 '명'으로 규정해 놓은 특정 체계나 기준 안으로 인간을 끌어들이는 것보다, 인위적인 규정이 없는 열린 세계에서 인간을 살게 하는 것이 훨씬 더 평화로운 안정된 삶을 보장해 준다고 생각했다.

① 노자의 입장에서 '명'은 대상에 부여되어 그 대상이 지닌 상반된 속성을 사라지게 만드는 것이다.
② 노자는 법의 엄격한 시행이 오히려 범법자를 양산할 수 있다고 생각했다.
③ 노자는 탐욕과 이기심을 정당화하는 이념을 문명사회의 문제점으로 보았다.
④ 노자에 따르면, 'A는 A이다.'와 같은 사유에 매몰된 사람은 세계를 온전하게 이해하기 어렵다.

✔ 해설 ① 노자에 따르면 '명'의 강화는 그 반대적 측면을 동반하게 되어 사회의 혼란을 심화시킬 수 있다.

출제예상문제

1 오후 1시 36분에 사무실을 나와 분속 70m의 일정한 속도로 서울역까지 걸어가서 20분간 내일 부산 출장을 위한 승차권 예매를 한 뒤, 다시 분속 50m의 일정한 속도로 걸어서 사무실에 돌아와 시계를 보니 2시 32분이었다. 이때 걸은 거리는 모두 얼마인가?

① 1,050m

② 1,500m

③ 1,900m

④ 2,100m

✔해설 서울역에서 승차권 예매를 한 20분의 시간을 제외하면 걸은 시간은 총 36분이 된다.

갈 때 걸린 시간을 x분이라고 하면 올 때 걸린 시간은 $36-x$분

갈 때와 올 때의 거리는 같으므로

$70 \times x = 50 \times (36-x)$

$120x = 1,800 \rightarrow x = 15$분

사무실에서 서울역까지의 거리는 $70 \times 15 = 1,050$m

왕복거리를 구해야 하므로 $1,050 \times 2 = 2,100$m가 된다.

2 둘레가 6km인 공원을 영수와 성수가 같은 장소에서 동시에 출발하여 같은 방향으로 돌면 1시간 후에 만나고, 반대 방향으로 돌면 30분 후에 처음으로 만난다고 한다. 영수가 성수보다 걷는 속도가 빠르다고 할 때, 영수가 걷는 속도는?

① 5km/h

② 6km/h

③ 7km/h

④ 9km/h

✔해설 영수가 걷는 속도를 x, 성수가 걷는 속도는 y라 하면

㉠ 같은 방향으로 돌 경우 : 영수가 걷는 거리 − 성수가 걷는 거리 = 공원 둘레 → $x-y=6$

㉡ 반대 방향으로 돌 경우 : 영수가 간 거리 + 성수가 간 거리 = 공원 둘레 → $\frac{1}{2}x + \frac{1}{2}y = 6 \rightarrow x+y=12$

$x=9, \ y=3$

Answer 60.① / 1.④ 2.④

3 어느 인기 그룹의 공연을 준비하고 있는 기획사는 다음과 같은 조건으로 총 1,500장의 티켓을 판매하려고 한다. 티켓 1,500장을 모두 판매한 금액이 6,000만 원이 되도록 하기 위해 판매해야 할 S석 티켓의 수를 구하면?

> ㈎ 티켓의 종류는 R석, S석, A석 세 가지이다.
> ㈏ R석, S석, A석 티켓의 가격은 각각 10만 원, 5만 원, 2만 원이고, A석 티켓의 수는 R석과 S석 티켓의 수의 합과 같다.

① 450장   ② 600장

③ 750장   ④ 900장

✅ **해설** 조건 ㈎에서 R석의 티켓의 수를 a, S석의 티켓의 수를 b, A석의 티켓의 수를 c라 놓으면

$a+b+c=1,500$ …… ㉠

조건 ㈏에서 R석, S석, A석 티켓의 가격은 각각 10만 원, 5만 원, 2만 원이므로

$10a+5b+2c=6,000$ …… ㉡

A석의 티켓의 수는 R석과 S석 티켓의 수의 합과 같으므로

$a+b=c$ …… ㉢

세 방정식 ㉠, ㉡, ㉢을 연립하여 풀면

㉠, ㉢에서 $2c=1,500$이므로 $c=750$

㉠, ㉡에서 연립방정식

$\begin{cases} a+b=750 \\ 2a+b=900 \end{cases}$

을 풀면 $a=150$, $b=600$이다.

따라서 구하는 S석의 티켓의 수는 600장이다.

4 두 기업 서원각, 소정의 작년 상반기 매출액의 합계는 91억 원이었다. 올해 상반기 두 기업 서원각, 소정의 매출액은 직년 상반기에 비해 각각 10%, 20% 증가하였고, 두 기업 서원각, 소정의 매출액 증가량의 비가 2 : 3이라고 할 때, 올해 상반기 두 기업 서원각, 소정의 매출액의 합계는?

① 96억 원

② 100억 원

③ 104억 원

④ 108억 원

✔ 해설   서원각의 매출액의 합계를 x, 소정의 매출액의 합계를 y로 놓으면

$x + y = 91$

$0.1x : 0.2y = 2 : 3 \longrightarrow 0.3x = 0.4y$

$x + y = 91 \longrightarrow y = 91 - x$

$0.3x = 0.4 \times (91 - x)$

$0.3x = 36.4 - 0.4x$

$0.7x = 36.4$

$\therefore x = 52$

$0.3 \times 52 = 0.4y \longrightarrow y = 39$

x는 10% 증가하였으므로 $52 \times 1.1 = 57.2$

y는 20% 증가하였으므로 39×46.8

두 기업의 매출액의 합은 $57.2 + 46.8 = 104$

5 한 학년에 세 반이 있는 학교가 있다. 학생수가 A반은 20명, B반은 30명, C반은 50명이다. 수학 점수 평균이 A반은 70점, B반은 80점, C반은 60점일 때, 이 세 반의 평균은 얼마인가?

① 62점

② 64점

③ 66점

④ 68점

✔ 해설   평균 $= \dfrac{\text{자료 값의 합}}{\text{자료의 수}}$ 이므로

$A = \dfrac{x}{20} = 70 \rightarrow x = 1,400$

$B = \dfrac{y}{30} = 80 \rightarrow y = 2,400$

$C = \dfrac{z}{50} = 60 \rightarrow z = 3,000$

세 반의 평균은 $\dfrac{1,400 + 2,400 + 3,000}{20 + 30 + 50} = 68$점

Answer   3.②   4.③   5.④

6 3개월의 인턴기간 동안 업무평가 점수가 가장 높았던 甲, 乙, 丙, 丁 네 명의 인턴에게 성과급을 지급했다. 제시된 조건에 따라 성과급은 甲 인턴부터 丁 인턴까지 차례로 지급되었다고 할 때, 네 인턴에게 지급된 성과급 총액은 얼마인가?

- 甲 인턴은 성과급 총액의 1/3보다 20만 원 더 받았다.
- 乙 인턴은 甲 인턴이 받고 남은 성과급의 1/2보다 10만 원을 더 받았다.
- 丙 인턴은 乙 인턴이 받고 남은 성과급의 1/3보다 60만 원을 더 받았다.
- 丁 인턴은 丙 인턴이 받고 남은 성과급의 1/2보다 70만 원을 더 받았다.

---

① 860만 원   ② 900만 원

③ 940만 원   ④ 960만 원

✔해설 丁 인턴은 甲, 乙, 丙 인턴에게 주고 남은 성과급의 1/2보다 70만 원을 더 받았다고 하였으므로, 전체 성과급에서 甲, 乙, 丙 인턴에게 주고 남은 성과급을 x 라고 하면

丁 인턴이 받은 성과급은 $\frac{1}{2}x + 70 = x$ (∵ 마지막에 받은 丁 인턴에게 남은 성과급을 모두 주는 것이 되므로), ∴ $x = 140$이다.

丙 인턴은 甲, 乙 인턴에게 주고 남은 성과급의 1/3보다 60만 원을 더 받았다고 하였는데, 여기서 甲, 乙 인턴에게 주고 남은 성과급의 2/3는 丁 인턴이 받은 140만 원 + 丙 인턴이 더 받을 60만 원이 되므로, 丙 인턴이 받은 성과급은 160만 원이다.

乙 인턴은 甲 인턴에게 주고 남은 성과급의 1/2보다 10만 원을 더 받았다고 하였는데, 여기서 甲 인턴에게 주고 남은 성과급의 1/2은 丙, 丁 인턴이 받은 300만 원 + 乙 인턴이 더 받을 10만 원이 되므로, 乙 인턴이 받은 성과급은 320만 원이다.

甲 인턴은 성과급 총액의 1/3보다 20만 원 더 받았다고 하였는데, 여기서 성과급 총액의2/3은 乙, 丙, 丁 인턴이 받은 620만 원 + 甲 인턴이 더 받을 20만 원이 되므로, 甲 인턴이 받은 성과급은 340만 원이다.

따라서 네 인턴에게 지급된 성과급 총액은 340 + 320 + 160 + 140 = 960만 원이다.

7 5%의 소금물과 15%의 소금물로 12%의 소금물 200g을 만들고 싶다. 각각 몇 g씩 섞으면 되는가?

	5% 소금물	15% 소금물
①	40g	160g
②	50g	150g
③	60g	140g
④	70g	130g

✔해설 200g에 들어 있는 소금의 양은 섞기 전 5%의 소금의 양과 12% 소금이 양을 합친 양과 같아야 한다.

5% 소금물의 필요한 양을 x 라 하면 녹아 있는 소금의 양은 $0.05x$

15% 소금물의 소금의 양은 $0.15(200-x)$

$0.05x + 0.15(200-x) = 0.12 \times 200$

$5x + 3000 - 15x = 2400$

$10x = 600$

$x = 60(g)$

∴ 5%의 소금물 60g, 15%의 소금물 140g

8 ㅇㅇ회사그룹의 필기시험에서 응시자 10,000명의 득점 분포가 100점 만점에 평균이 70점, 표준편차가 10점인 정규분포를 따른다고 한다. 이때, 상위 10%에 속하기 위해서는 몇 점 이상을 받아야 하는가? (단, $P(0 \leq Z \leq 1.28 = 0.40$, $P(0 \leq Z \leq 1.64 = 0.45$, $P(0 \leq Z \leq 2.5 = 0.49$)

① 82.8

② 85

③ 86.4

④ 95

✔️해설 표준정규분포는 종 모양으로 그려지며 면적이 확률이 되며 그 값은 1(100%)이 된다. 표준정규분포는 평균이 0이고, 표준편차가 1인 $N(0,\ 1^2)$로 표시한다.

평균이 70점이고 표준편차가 10인 정규분포[$N(70,\ 10^2)$]에서 상위 10%를 뽑을 때 커트라인 점수를 k라고 하면 k 위쪽의 면적은 0.1이 된다.

$P(X \geq k) = 0.1$

$P(X \geq k) = P(\dfrac{X-\mu}{\sigma} \geq \dfrac{k-\mu}{\sigma}) = P(Z \geq \dfrac{k-70}{10}) = 0.1$

정규분포에 따른다고 하였으므로 표준화를 시키면 평균이 0, 분산이 1인 표준정규분포에서 평균 0을 기준으로 좌우 대칭으로 면적이 각각 0.5가 되므로 $0.5 - 0.1 = 0.4$가 된다.

문제에서 $P(0 \leq Z \leq 1.28 = 0.40$이므로 $P(Z > 1.28) = 0.1$이 되며, 상위 10%에 속하기 위해서는 $Z \geq 1.28$이어야 한다.

$Z = \dfrac{k-70}{10}$ 이므로, $\dfrac{k-70}{10} \geq 1.28 \rightarrow k = (1.28 \times 10) + 70 = 82.8$

$\therefore\ k \geq 82.8$

9 어떤 이동 통신 회사에서는 휴대폰의 사용 시간에 따라 매월 다음과 같은 요금 체계를 적용한다고 한다.

요금제	기본 요금	무료 통화	사용 시간(1분)당 요금
A	10,000원	0분	150원
B	20,200원	60분	120원
C	28,900원	120분	90원

예를 들어, B요금제를 사용하여 한 달 동안의 통화 시간이 80분인 경우 사용 요금은 다음과 같이 계산한다.

$$20,200 + 120 \times (80 - 60) = 22,600$$

B요금제를 사용하는 사람이 A요금제와 C요금제를 사용할 때 보다 저렴한 요금을 내기 위한 한 달 동안의 통화 시간은 a분 초과 b분 미만이다. 이때, $b-a$의 최댓값은? (단, 매월 총 사용 시간은 분 단위로 계산한다.)

① 70 ② 80

③ 90 ④ 100

✔**해설** 한 달 동안의 통화 시간 t $(t = 0, 1, 2, \cdots)$에 따른
요금제 A의 요금
$y = 10,000 + 150t$ $(t = 0, 1, 2, \cdots)$
요금제 B의 요금
$\begin{cases} y = 20,200 & (t = 0, 1, 2, \cdots, 60) \\ y = 20,200 + 120(t - 60) & (t = 61, 62, 63, \cdots) \end{cases}$
요금제 C의 요금
$\begin{cases} y = 28,900 & (t = 0, 1, 2, \cdots, 120) \\ y = 28,900 + 90(t - 120) & (t = 121, 122, 123, \cdots) \end{cases}$
㉠ B의 요금이 A의 요금보다 저렴한 시간 t의 구간은
$20,200 + 120(t - 60) < 10,000 + 150t$ 이므로 $t > 100$
㉡ B의 요금이 C의 요금보다 저렴한 시간 t의 구간은
$20,200 + 120(t - 60) < 28,900 + 90(t - 120)$ 이므로 $t < 170$
따라서 $100 < t < 170$ 이다.
∴ $b - a$ 의 최댓값은 70

Answer 8.① 9.①

10 K은행 고객인 S씨는 작년에 300만 원을 투자하여 3년 만기, 연리 2.3% 적금 상품(비과세, 단리 이율)에 가입하였다. 올 해 추가로 여유 자금이 생긴 S씨는 200만 원을 투자하여 신규 적금 상품에 가입하려 한다. 신규 적금 상품은 복리가 적용되는 이율 방식이며, 2년 만기라 기존 적금 상품과 동시에 만기가 도래하게 된다. 만기 시 두 적금 상품의 원리금의 총 합계가 530만 원 이상이 되기 위해서는 올 해 추가로 가입하는 적금 상품의 연리가 적어도 몇 %여야 하는가? (모든 금액은 절삭하여 원 단위로 표시하며, 이자율은 소수 첫째 자리까지만 계산함)

① 2.2%

② 2.3%

③ 2.4%

④ 2.5%

✔ 해설 단리 이율 계산 방식은 원금에만 이자가 붙는 방식으로 원금은 변동이 없으므로 매년 이자액이 동일하다. 반면, 복리 이율 방식은 '원금 + 이자'에 이자가 붙는 방식으로 매년 이자가 붙어야 할 금액이 불어나 갈수록 원리금이 커지게 된다.

작년에 가입한 상품의 만기 시 원리금은 $3,000,000 + (3,000,000 \times 0.023 \times 3) = 3,000,000 + 207,000 = 3,207,000$원이 된다.

따라서 올 해 추가로 가입하는 적금 상품의 만기 시 원리금이 2,093,000원 이상이어야 한다. 이것은 곧 다음과 같은 공식이 성립하게 됨을 알 수 있다.

추가 적금 상품의 이자율을 A%, 이를 100으로 나눈 값을 x 라 하면,

$2,000,000 \times (1+x)^2 \geq 2,093,000$이 된다.

주어진 보기의 값을 대입해 보면, 이자율이 2.3%일 때 x가 0.023이 되어 $2,000,000 \times 1.023 \times 1.023 = 2,093,058$이 된다.

따라서 올 해 추가로 가입하는 적금 상품의 이자율(연리)은 적어도 2.3%가 되어야 만기 시 두 상품의 원리금 합계가 530만 원 이상이 될 수 있다.

| 11~12 | 다음 표는 8개 기관의 장애인 고용 현황이다. 각 물음에 답하시오.

기관별 장애인 고용 현황

(단위 : 명, %)

기관	전체 고용인원	장애인 고용의무인원	장애인 고용인원	장애인 고용률
남동청	4,013	121	58	1.45
서부청	2,818	85	30	1.06
동부청	22,323	670	301	1.35
북동청	92,385	2,772	1,422	1.54
남부청	22,509	676	361	1.60
북부청	19,927	598	332	1.67
남서청	53,401	1,603	947	1.77
북서청	19,989	600	357	1.79

※ 장애인 고용률(%) = $\dfrac{\text{장애인 고용인원}}{\text{전체 고용인원}} \times 100$

11 다음 중 남동청의 장애인 고용률로 옳은 것은?

① 1.12% 　　　　② 1.34%

③ 1.45% 　　　　④ 1.52%

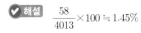 $\dfrac{58}{4013} \times 100 ≒ 1.45\%$

12 다음 중 옳지 않은 것은?

① 동부청의 장애인 고용의무인원은 서부청보다 많고, 남부청보다 적다.
② 장애인 고용률은 서부청이 가장 낮다.
③ 장애인 고용의무인원은 북부청이 남부청보다 적다.
④ 북동청은 전체 고용인원이 가장 많으며, 장애인 고용률도 가장 높다.

✔해설 ④ 북서청의 장애인 고용률은 약 1.8%로 가장 높다.

Answer　　10.②　11.③　12.④

▌13~14 ▌ 다음은 미국이 환율조작국을 지정하기 위해 만든 요건별 판단기준과 '가'~'카'국의 2015년 자료이다. 각 물음에 답하시오.

[표 1] 요건별 판단기준

요건	A	B	C
	현저한 대미무역수지 흑자	상당한 경상수지 흑자	지속적 환율시장 개입
판단기준	대미무역수지 200억 달러 초과	GDP 대비 경상수지 비중 3% 초과	GDP 대비 외화자산 순매수액 비중 2% 초과

※ 요건 중 세 가지를 모두 충족하면 환율조작국으로 지정됨.

※ 요건 중 두 가지만을 충족하면 관찰대상국으로 지정됨.

[표 2] 환율조작국 지정 관련 자료(2015년)

(단위 : 10억 달러, %)

국가 \ 항목	대미무역수지	GDP 대비 경상수지 비중	GDP 대비 외화자산 순매수액 비중
가	365.7	3.1	−3.9
나	74.2	8.5	0.0
다	68.6	3.3	2.1
라	58.4	−2.8	−1.8
마	28.3	7.7	0.2
바	27.8	2.2	1.1
사	23.2	−1.1	1.8
아	17.6	−0.2	0.2
자	14.9	−3.3	0.0
차	14.9	14.6	2.4
카	−4.3	−3.3	0.1

13 다음 중 환율조작국으로 지정된 나라는?

① 가   ② 나

③ 다   ④ 마

국가	A	B	C	비고
가	○	○		관찰대상국
나	○	○		관찰대상국
다	○	○	○	환율조작국
마	○	○		관찰대상국

14 다음 중 관찰대상국으로 지정된 나라는 몇 개 국가인가?

① 1개   ② 2개

③ 3개   ④ 4개

국가	A	B	C	비고
가	○	○		관찰대상국
나	○	○		관찰대상국
다	○	○	○	환율조작국
라	○			
마	○	○		관찰대상국
바	○			
사	○			
아				
자				
차		○	○	관찰대상국
카				

|15~16| 다음 표는 6개 광종의 위험도와 경제성 점수에 관한 자료이다. 표와 〈분류기준〉을 이용하여 광종을 분류한다고 한다. 각 물음에 답하시오.

6개 광종의 위험도와 경제성 점수

(단위 : 점)

항목＼광종	금광	은광	동광	연광	아연광	철광
위험도	2.5	4.0	2.5	2.7	3.0	3.5
경제성	3.0	3.5	2.5	2.7	3.5	4.0

〈분류기준〉

위험도와 경제성 점수가 모두 3.0점을 초과하는 경우에는 '비축필요광종'으로 분류하고, 위험도와 경제성 점수 중 하나는 3.0점 초과, 다른 하나는 2.5점 초과 3.0점 이하인 경우에는 '주시광종'으로 분류하며, 그 외는 '비축제외광종'으로 분류한다.

15 다음 중 '주시광종'으로 분류되는 광종은 무엇인가?

① 금광   ② 은광
③ 아연광   ④ 연광

✔해설 '주시광종'으로 분류되기 위해서는 위험도와 경제성 점수 중 하나는 3.0점 초과, 다른 하나는 2.5점 초과 3.0점 이하이어야 한다. 따라서 아연광만이 해당된다.

16 모든 광종의 위험도와 경제성 점수가 현재보다 각가 20% 증가했을 때, '비축필요광종'으로 분류되지 않는 광종은 무엇인가?

① 은광   ② 동광
③ 연광   ④ 아연광

✔해설 모든 광종의 위험도와 경제성 점수가 현재보다 20% 증가했을 때, 3.0점을 넘기 위해서는 현재 수치가 2.5점을 초과해야 한다. 따라서 동광은 해당되지 않는다.

17 다음 표는 둘씩 짝지은 A~F 대학 현황 자료이다. 〈보기〉를 토대로 A−B, C−D, E−F 대학을 순시대로 마르게 짝지어 나열한 것은?

(단위 : %, 명, 달러)

	A−B		C−D		E−F	
	A	B	C	D	E	F
입학허가율	7	12	7	7	9	7
졸업률	96	96	96	97	95	94
학생 수	7,000	24,600	12,300	28,800	9,270	27,600
교수 1인당 학생 수	7	6	6	8	9	6
연간 학비	43,500	49,500	47,600	45,300	49,300	53,000

〈보기〉

• 짝지어진 두 대학끼리만 비교한다.
• 졸업률은 야누스가 플로라보다 높다.
• 로키와 토르의 학생 수 차이는 18,000명 이상이다.
• 교수 수는 이시스가 오시리스보다 많다.
• 입학허가율은 토르가 로키보다 높다.

	A−B	C−D	E−F
①	오시리스−이시스	플로라−야누스	토르−로키
②	이시스−오시리스	플로라−야누스	로키−토르
③	로키−토르	이시스−오시리스	야누스−플로라
④	로키−토르	플로라−야누스	오시리스−이시스

✔해설 • 야누스가 될 수 있는 것은 D, E, 플로라가 될 수 있는 것은 C, F이다.
• A−B는 17,600명, C−D는 16,500명, E−F는 18,330명이다.
• E가 토르, F가 로키가 된다. 따라서 C는 플로라, D는 야누스가 된다.
• 교수 수 = $\dfrac{\text{학생 수}}{\text{교수 1인당 학생 수}}$

$A = \dfrac{7000}{7} = 1000, \ B = \dfrac{24600}{6} = 4100$

따라서 A가 오시리스, B가 이시스가 된다.

▌18~19▐ 다음 표는 2022년 1~6월 월말종가기준 A, B사의 주가와 주가지수에 대한 자료이다. 각 물음에 답하시오.

구분		1월	2월	3월	4월	5월	6월
주가(원)	A사	5,000	4,000	5,700	4,500	3,900	5,600
	B사	6,000	6,000	6,300	5,900	6,200	5,400
주가지수		100.00	㉠	109.09	㉡	91.82	100.00

※ 주가지수 $= \dfrac{\text{해당 월 } A \text{사의 주가} + \text{해당 월 } B \text{사의 주가}}{1\text{월 } A \text{사의 주가} + 1\text{월 } B \text{사의 주가}} \times 100$

※ 해당 월의 주가수익률(%) $= \dfrac{\text{해당 월의 주가} - \text{전월의 주가}}{\text{전월의 주가}} \times 100$

18 다음 중 ㉠에 들어갈 숫자로 옳은 것은?

① 90.9 ② 91.3

③ 92.1 ④ 93.4

 $\dfrac{4000 + 6000}{5000 + 6000} \times 100 ≒ 90.9$

19 다음 중 ㉡에 들어갈 숫자로 옳은 것은?

① 90.9 ② 91.3

③ 92.1 ④ 94.5

 $\dfrac{4500 + 5900}{5000 + 6000} \times 100 ≒ 94.5$

20 다음 표는 축구팀 '가'~'다' 사이의 경기 결과이다. 이에 대한 〈보기〉의 설명 중 옳은 것만을 모두 고르면?

팀 \ 기록	승리 경기 수	패배 경기 수	무승부 경기 수	총 득점	총 실점
가	2			9	2
나				4	5
다			1	2	8

※ 각 팀이 나머지 두 팀과 각각 한 번씩만 경기를 한 결과임.

〈보기〉
ⓒ '가'의 총득점은 8점이다.
ⓒ '나'와 '다'의 경기 결과는 무승부이다.
ⓒ '가'는 '나'와의 경기에서 승리했다.
ⓒ '가'는 '다'와의 경기에서 5:0으로 승리했다.

① ㉠㉢   ② ㉠㉣
③ ㉡㉢   ④ ㉡㉣

 해설

팀 \ 기록	승리 경기 수	패배 경기 수	무승부 경기 수	총 득점	총 실점
가	2	0	0	9	2
나	0	1	1	4	5
다	0	1	1	2	8

21 다음은 조선시대 한양의 조사시기별 가구수 및 인구수와 가구 구성비에 대한 자료이다. 이에 대한 설명 중 옳은 것만을 모두 고르면?

〈조사시기별 가구수 및 인구수〉

(단위 : 호, 명)

조사시기	가구수	인구수
1729년	1,480	11,790
1765년	7,210	57,330
1804년	8,670	68,930
1867년	27,360	144,140

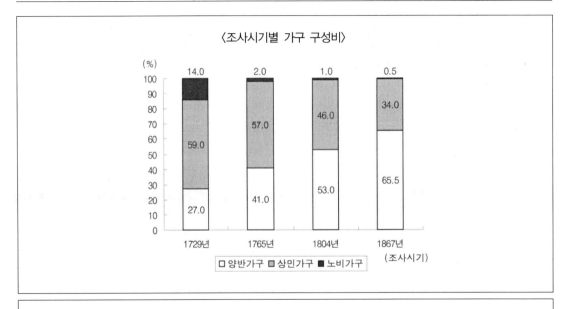

〈조사시기별 가구 구성비〉

○ 1804년 대비 1867년의 가구당 인구수는 증가하였다.
○ 1765년 상민가구 수는 1804년 양반가구 수보다 적다.
○ 노비가구 수는 1804년이 1765년보다는 적고 1867년보다는 많다.
○ 1729년 대비 1765년에 상민가구 구성비는 감소하였고 상민가구 수는 증가하였다.

① ㉠, ㉡
② ㉠, ㉢
③ ㉡, ㉣
④ ㉠, ㉢, ㉣

✔해설 ㉠ 1804년 가구당 인구수는 $\frac{68,930}{8,670}$ = 약 7.95이고, 1867년 가구당 인구수는 $\frac{144,140}{27,360}$ = 약 5.26이므로 1804년 대비 1867의 가구당 인구수는 감소하였다.

㉡ 1765년 상민가구 수는 7,210 × 0.57＝4109.7이고, 1804년 양반가구 수는 8,670 × 0.53＝4595.1로, 1765년 상민가구 수는 1804년 양반가구 수보다 적다.

㉢ 1804년의 노비가구 수는 8,670 × 0.01＝86.7로 1765년의 노비가구 수인 7,210 × 0.02＝144.2보다 적고, 1867년의 노비가구 수인 27,360 × 0.005＝136.8보다도 적다.

㉣ 1729년 대비 1765년에 상민가구 구성비는 59.0%에서 57.0%로 감소하였고, 상민가구 수는 1,480 × 0.59 = 873.2에서 7,210 × 0.57＝4109.7로 증가하였다.

22 다음 〈표〉는 지역별 건축 및 대체에너지 설비투자 현황에 관한 자료이다. 다음 중 건축 건수 1건당 건축공사비가 가장 많은 곳은?

〈표〉 지역별 건축 및 대체에너지 설비투자 현황

(단위 : 건, 억 원, %)

지역	건축건수	건축공사비	대체에너지 설비투자액			
			태양열	태양광	지열	합
가	12	8,409	27	140	336	503
나	14	12,851	23	265	390	678
다	15	10,127	15	300	210	525
라	17	11,000	20	300	280	600
마	21	20,100	30	600	450	1,080

* 건축공사비 내에 대체에너지 설비투자액은 포함되지 않음

① 가
② 나
③ 마
④ 라

✔해설 ① 가 : $\frac{8,409}{12}$ ≒ 701 ② 나 : $\frac{12,851}{14}$ ≒ 918

③ 마 : $\frac{20,100}{21}$ ≒ 957 ④ 라 : $\frac{11,000}{17}$ ≒ 647

23 다음은 A카페의 커피 판매정보에 대한 자료이다. 한 잔만을 더 판매하고 영업을 종료한다고 할 때, 총이익이 정확히 64,000원이 되기 위해서 판매해야 하는 메뉴는?

(단위 : 원, 잔)

구분 메뉴	판매가격(1잔)	현재까지 판매량	한 잔당 재료				
			원두(200)	우유(300)	바닐라(100)	초코(150)	캐러멜(250)
아메리카노	3,000	5	○	×	×	×	×
카페라떼	3,500	3	○	○	×	×	×
바닐라라떼	4,000	3	○	○	○	×	×
카페모카	4,000	2	○	○	×	○	×
캐러멜라떼	4,300	6	○	○	○	×	○

※ 메뉴별 이익=(메뉴별 판매가격−메뉴별 재료비) × 메뉴별 판매량
※ 총이익은 메뉴별 이익의 합이며, 다른 비용은 고려하지 않음.
※ A카페는 5가지 메뉴만을 판매하며, 메뉴 1잔 판매가격과 재료비는 변동 없음.
※ ○ : 해당 재료 한 번 사용, × : 해당 재료 사용하지 않음.

① 아메리카노
② 카페라떼
③ 바닐라라떼
④ 카페모카

✅**해설** 메뉴별 이익을 계산해보면 다음과 같으므로, 현재 총이익은 60,600원이다. 한 잔만 더 판매하고 영업을 종료했을 때 총이익이 64,000원이 되려면 한 잔의 이익이 3,400원이어야 하므로 바닐라라떼를 판매해야 한다.

구분	메뉴별 이익	1잔당 이익
아메리카노	$(3,000-200) × 5=14,000$원	2,800원
카페라떼	${3,500-(200+300)} × 3=9,000$원	3,000원
바닐라라떼	${4,000-(200+300+100)} × 3=10,200$원	3,400원
카페모카	${4,000-(200+300+150)} × 2=6,700$원	3,350원
캐러멜라떼	${4,300-(200+300+100+250)} × 6=20,700$원	3,450원

24 다음은 2022년 갑 회사 5개 품목(A ~ E)별 매출액, 시장점유율 및 이익률을 나타내는 그래프이다. 다음 중 이익이 가장 큰 품목은?

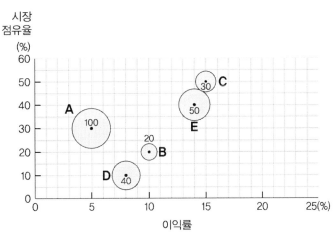

〈그림〉 2022년 A ~ E의 매출액, 시장점유율, 이익률

* 1) 원의 중심좌표는 각각 이익률과 시장점유율을 나타내고, 원 내부 값은 매출액(억 원)을 의미하며, 원의 면적은 매출액에 비례함.

2) 이익률(%) = $\dfrac{이익}{매출액} \times 100$

① A   ② B

③ E   ④ D

✔ 해설   A : $100 \times 0.05 = 5$
B : $20 \times 0.1 = 2$
C : $30 \times 0.15 = 4.5$
D : $40 \times 0.08 = 3.2$
E : $50 \times 0.14 = 7$

| 25~26 | 다음은 문화예술 보급 추이와 청소년의 공연시설 이용에 대한 자료이다. 물음에 답하시오.

〈표1〉 연도별 문화예술 보급 추이

구분	2017년	2018년	2019년	2020년	2021년	2022년
등록 공연장(개)	786	821	830	960	1,037	1,101
공연 횟수(회)	52,780	56,771	95,332	94,564	76,882	78,455
교육 프로그램(건)	21,475	26,244	7,868	7,453	9,200	10,936

* 교육 프로그램 : 문화관광부의 문화예술 지원사업이며, 학교 및 사회취약계층 등을 대상으로 실시한 문화예술 교육 프로그램 건수임

〈표2〉 2023년 청소년의 공연시설 이용 여부 및 횟수

(단위 : 천 명, 회)

구분	없다	있다	평균 이용 횟수	합계
만 9~12세	238	1,660	7.5	1,898
만 13~24세	1,353	6,638	8.6	7,991
남성	1,028	4,184	7.6	5,212
여성	563	4,114	9.3	4,677
전체 청소년	1,591	8,298	8.4	9,889

* 평균 이용 횟수 : 공연시설을 이용해본 적이 있는 청소년의 평균 이용 횟수임
* 청소년 : 청소년 기본법에 의거한 만 9세 이상 24세 이하의 사람임

25 다음 중 자료에 대한 설명으로 옳지 않은 것은?

① 2023년 전체 청소년 중 공연시설을 이용해본 적이 없는 청소년의 비율은 19% 이상이다.

② 2023년 여성 청소년 중 공연시설을 이용해본 적이 있는 청소년의 비율은 남성 청소년 중 공연시설을 이용 해본 적이 있는 청소년의 비율보다 더 높다.

③ 2019년 문화예술 공연 횟수는 전년 대비 38,561회 증가하였다.

④ 2017년부터 2022년까지 문화예술 등록 공연장 수는 꾸준히 증가하였다.

 해설 ① $\dfrac{1,591}{1,591+8,298}\times100 ≒ 16.09(\%)$

26 2018~2022년 중에서 문화예술 등록 공연장 수 대비 교육 프로그램 건수가 세 번째로 적은 해는 몇 년도인가?

① 2018년　　　　　　　　　　　② 2019년

③ 2020년　　　　　　　　　　　④ 2021년

해설 ① 2018년 : $\dfrac{26,244}{821} ≒ 31.97$

② 2019년 : $\dfrac{7,868}{830} ≒ 9.5$

③ 2020년 : $\dfrac{7,453}{960} ≒ 7.76$

④ 2021년 : $\dfrac{9,200}{1,037} ≒ 8.87$

27 다음 그림에 대한 옳은 분석을 〈보기〉에서 모두 고른 것은?

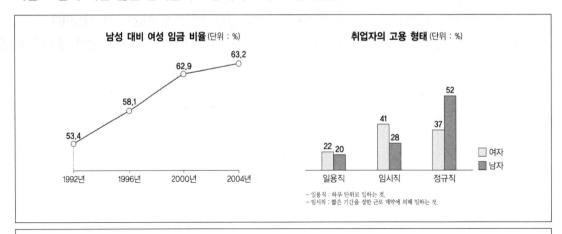

〈보기〉
㉠ 남성 취업자는 정규직의 비율이 가장 높다.
㉡ 남녀 간 임금 수준의 불평등이 완화되고 있다.
㉢ 고용 형태에서 남성의 지위가 여성보다 불안하다.
㉣ 경제 활동에 참여하는 여성들이 점차 줄어들고 있다.

① ㉠, ㉡   ② ㉠, ㉢

③ ㉡, ㉢   ④ ㉡, ㉣

✔ **해설** ㉢ 일용직이나 임시직에서 여자의 비율이 높고, 정규직에서 남자의 비율이 높은 것으로 보아 고용 형
태에서 여성의 지위가 남성보다 불안하다.
㉣ 제시된 자료로는 알 수 없다.

28 다음은 갑국에서 실시한 취약 계층의 스마트폰 이용 현황과 주된 비(非)이용 이유에 대한 설문 조사 결과이다. 이에 대한 옳은 분석을 〈보기〉에서 고른 것은?

(단위 : %)

구분	전체 국민 대비 수준*	스마트폰을 이용하지 않는 주된 이유				
		스마트폰으로 무엇을 할 수 있는지 모름	구입비 및 이용비 부담	이용 필요성 부재	사용 방법의 어려움	기타
장애인	10.3	33.1	31.5	14.4	13.4	7.6
장노년층	6.4	40.1	26.3	16.5	12.4	4.7
저소득층	12.2	28.7	47.6	11.0	9.3	3.4
농어민	6.4	39.6	26.3	14.7	13.9	5.5

* 전체국민대비수준 $= \dfrac{\text{취약 계층의 스마트폰 이용률}}{\text{전체 국민의 스마트폰 이용률}} \times 100$

〈보기〉
ㄱ 응답자 중 장노년층과 농어민의 스마트폰 이용자 수는 동일하다.
ㄴ 응답자 중 각 취약 계층별 스마트폰 이용률이 상대적으로 가장 높은 취약 계층은 저소득층이다.
ㄷ 전체 취약 계층의 스마트폰 이용 활성화를 위한 대책으로는 경제적 지원이 가장 효과적일 것이다.
ㄹ 스마트폰을 이용하지 않는다고 응답한 장노년층 중 스마트폰으로 무엇을 할 수 있는지 모르거나 사용 방법이 어려워서 이용하지 않는다고 응답한 사람의 합은 과반수이다.

① ㄱ, ㄴ
② ㄱ, ㄷ
③ ㄴ, ㄷ
④ ㄴ, ㄹ

✔해설 ㄱ 설문 조사에 참여한 장노년층과 농어민의 수가 제시되어 있지 않으므로 이용자 수는 알 수 없다.
ㄷ 스마트폰 이용 활성화를 위한 대책으로 경제적 지원이 가장 효과적인 취약 계층은 지소득층이다.

29 다음은 어느 회사의 직종별 직원 비율을 나타낸 것이다. 2022년에 직원 수가 1,800명이었다면 재무부서의 직원은 몇 명인가?

(단위 : %)

직종	2018년	2019년	2020년	2021년	2022년
판매·마케팅	19.0	27.0	25.0	30.0	20.0
고객서비스	20.0	16.0	12.5	21.5	25.0
생산	40.5	38.0	30.0	25.0	22.0
재무	7.5	8.0	5.0	6.0	8.0
기타	13.0	11.0	27.5	17.5	25.0
계	100	100	100	100	100

① 119명
② 123명
③ 144명
④ 150명

✔ 해설 $1,800 \times 0.08 = 144$(명)

30 다음 자료는 맞벌이 가구에 관한 통계 자료이다. 유(有)배우가구가 1,200만 가구라 할 때, 아래 ㉠, ㉡을 구하면? (필요한 경우 소수점 첫째자리에서 반올림)

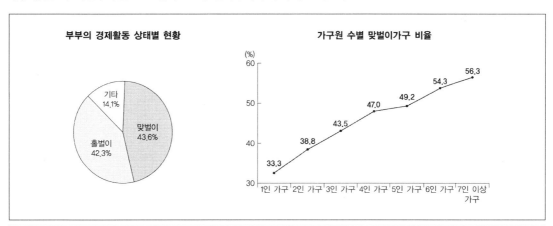

| ㉠ 홑벌이 가구 수는 얼마인가? |
| ㉡ 유(有)배우가구 중 3인 가구 비율이 25%일 때, 3인 가구의 맞벌이 가구 수는 얼마인가? |

① ㉠ : 505만 가구, ㉡ : 132만 가구
② ㉠ : 507만 가구, ㉡ : 128만 가구
③ ㉠ : 508만 가구, ㉡ : 131만 가구
④ ㉠ : 509만 가구, ㉡ : 132만 가구

✔ 해설 ㉠ $1,200 \times 0.423 = 507.6$(만)
㉡ $1,200 \times 0.25 \times 0.435 = 130.5$(만)

| 31~33 | 다음은 호텔 4곳을 경영하는 다이스에서 2023년 VIP 회원의 직업별 구성 비율을 각 지점별로 조사한 자료이다. 물음에 답하시오. (단, 표의 가장 오른쪽 수치는 각 지점의 회원 수가 전 지점의 회원 총수에서 차지하는 비율이다.)

구분	공무원	기업인	자영업	외국인	각 지점/전 지점
A	30%	20%	10%	40%	20%
B	10%	40%	20%	30%	30%
C	10%	30%	20%	40%	40%
D	10%	40%	30%	20%	10%
전 지점	( )	32%	( )	35%	100%

31 다이스 각 지점에서 자영업자의 수는 회원 총수의 몇 %인가?

① 16% 　　　　　　　　　　　　② 17%

③ 18% 　　　　　　　　　　　　④ 19%

✅**해설** A : 0.2×0.1=0.02=2(%)
B : 0.3×0.2=0.06=6(%)
C : 0.4×0.2=0.08=8(%)
D : 0.1×0.3=0.03=3(%)
∴ A+B+C+D=19(%)

32 C지점의 회원 수를 3년 전과 비교했을 때 외국인의 수는 2배 증가했고 자영업자와 공무원의 수는 절반으로 감소했으며 그 외는 변동이 없었다. 그렇다면 3년 전 기업인의 비율은? (단, C지점의 2023년 VIP회원의 수는 200명이다.)

① 약 25.34% 　　　　　　　　　② 약 27.27%

③ 약 29.16% 　　　　　　　　　④ 약 31.08%

✅**해설** 2023년 C지점의 회원 수는 공무원 20명, 기업인 60명, 자영업자 40명, 외국인 80명이다.
따라서 2020년의 회원 수는 공무원 40명, 기업인 60명, 자영업자 80명, 외국인 40명이 된다.
이 중 기업인의 비율은 $\frac{60}{220}×100≒27.27\%$가 된다.

33 D지점의 외국인 수가 400명일 때 A지점의 외국인 회원 수는?

① 1,300명　　　　　　　　　　② 1,400명

③ 1,500명　　　　　　　　　　④ 1,600명

> ✔해설　D지점의 외국인이 차지하는 비율 : $0.1 \times 0.2 = 0.02 = 2(\%)$
> 　　　　A지점의 외국인이 차지하는 비율 : $0.2 \times 0.4 = 0.08 = 8(\%)$
> 　　　　D지점의 외국인 수가 400명이므로 $2 : 8 = 400 : x$
> 　　　　∴ $x = 1,600$(명)

34 다음 자료는 최근 3년간의 행정구역별 출생자 수를 나타낸 표이다. 다음 보기 중 2020년부터 2022년까지 출생자가 가장 많이 증가한 행정구역은?

(단위 : 명)

	2020년	2021년	2022년
서울특별시	513	648	673
부산광역시	436	486	517
대구광역시	215	254	261
울산광역시	468	502	536
인천광역시	362	430	477
대전광역시	196	231	258
광주광역시	250	236	219
제주특별자치시	359	357	361
세종특별자치시	269	308	330

① 부산　　　　　　　　　　② 울산

③ 서울　　　　　　　　　　④ 세종

> ✔해설　③ 서울 : $673 - 513 = 160$
> 　　　　① 부산 : $517 - 436 = 81$
> 　　　　② 울산 : $536 - 468 = 68$
> 　　　　④ 세종 : $330 - 269 = 61$

Answer　31.④　32.②　33.④　34.③

| 35~36 | 다음은 철수의 3월 생활비 40만 원의 항목별 비율을 나타낸 자료이다. 물음에 답하시오.

구분	학원비	식비	교통비	기타
비율(%)	35	15	35	15

35 식비 및 교통비의 지출 비율이 아래 표와 같을 때 다음 설명 중 가장 적절한 것은 무엇인가?

〈표1〉 식비 지출 비율

항목	채소	과일	육류	어류	기타
비율(%)	30	20	25	15	10

〈표2〉 교통비 지출 비율

교통수단	버스	지하철	자가용	택시	기타
비율(%)	50	25	15	5	5

① 식비에서 채소 구입에 사용한 금액은 교통비에서 자가용 이용에 사용한 금액보다 크다.

② 교통비에서 지하철을 타는데 지출한 비용은 식비에서 육류를 구입하는데 지출한 비용의 약 2.3배에 달한다.

③ 철수의 3월 생활비 중 교통비에 지출된 금액은 총 12만 5천 원이다.

④ 교통비에서 자가용을 타는데 지출한 금액은 식비에서 과일과 어류를 구입하는데 지출한 비용보다 크다.

✔ 해설 각각의 금액을 구해보면 다음과 같다.

철수의 3월 생활비 40만 원의 항목별 비율과 금액

구분	학원비	식비	교통비	기타
비율(%)	35	15	35	15
금액(만 원)	14	6	14	6

〈표1〉 식비 지출 비율과 금액

항목	채소	과일	육류	어류	기타
비율(%)	30	20	25	15	10
금액(만 원)	1.8	1.2	1.5	0.9	0.6

〈표2〉 교통비 지출 비율과 금액

교통수단	버스	지하철	자가용	택시	기타
비율(%)	50	25	15	5	5
금액(만 원)	7	3.5	2.1	0.7	0.7

① 식비에서 채소 구입에 사용한 금액 : 1만 8천 원

　　교통비에서 자가용 이용에 사용한 금액 : 2만 1천 원

② 교통비에서 지하철을 타는데 지출한 비용 : 3만 5천 원

　　식비에서 육류를 구입하는데 지출한 비용 : 1만 5천 원

③ 철수의 3월 생활비 중 교통비 : 14만 원

④ 교통비에서 자가용을 타는데 지출한 금액 : 2만 1천 원

　　식비에서 과일과 어류를 구입하는데 지출한 비용 : 1만 2천 원+9천 원=2만 1천 원

36 철수의 2월 생활비가 35만 원이었고 각 항목별 생활비의 비율이 3월과 같았다면 3월에 지출한 교통비는 2월에 비해 얼마나 증가하였는가?

① 17,500원

② 19,000원

③ 20,500원

④ 22,000원

해설 2월 생활비 35만원의 항목별 금액은 다음과 같다.

구분	학원비	식비	교통비	기타
비율(%)	35	15	35	15
금액(만 원)	12.25	5.25	12.25	5.25

따라서 3월에 교통비가 14만 원이므로 2월에 비해 17,500원 증가하였다.

▍37~38▍ 다음 자료는 예능프로 'K-POP 가수 왕'에 참가한 5명의 가수의 심사결과와 최종점수 계산법이다. 주어진 조건을 적용하여 최종심사 점수를 계산할 때, 물음에 답하시오.

〈자료1〉 'K-POP 가수 왕' 심사결과

구분 \ 가수	갑	을	병	정	무
심사단 점수(점)	78	72	64	81	70
시민평가단 득표수(표)	178	184	143	169	129

※ 현장평가단의 총 인원수는 200명임

〈자료2〉 최종심사 점수 계산법

㉠ 최종심사 점수 = (심사단 최종반영점수) + (시민평가단 최종반영점수)
㉡ 심사단 최종반영점수

순위	1위	2위	3위	4위	5위
최종반영점수(점)	50	45	40	35	30

※ 순위는 심사단 점수가 높은 순서임
㉢ 시민평가단 최종반영점수

득표율	90% 이상	80% 이상 90% 미만	70% 이상 80% 미만	60% 이상 70% 미만	60% 미만
최종반영점수(점)	50	40	30	20	10

※ 득표율(%) = $\dfrac{\text{시민평가단 득표수}}{\text{시민평가단 총 인원수}} \times 100$

37 주어진 자료에 대한 설명으로 옳지 않은 것은?

① 갑이 시민평가단 득표수가 2표 이상 더 받으면 최종심사 점수가 가장 높다.
② 을과 정의 최종심사 점수는 90점으로 동일하다.
③ 심사단 최종반영점수가 가장 높은 사람은 시민평가단 최종반영점수도 가장 높다.
④ 심사단 최종반영점수와 시민평가단 최종반영점수 간의 차이가 가장 큰 가수는 무이다.

✔ 해설 가수별 최종심사 점수

구분 \ 가수	갑	을	병	정	무
심사단 최종반영점수	45	40	30	50	35
시민평가단 최종반영점수	40	50	30	40	20
합계	85	90	60	90	55

③ 심사단 최종반영점수가 가장 높은 사람은 '정'이고, 시민평가단 최종반영점수가 가장 높은 사람은 '을'이다.

38 가수들 중 가장 낮은 점수를 받은 사람과 그 점수를 바르게 나열한 것은?

① 병 – 60점

② 무 – 60점

③ 병 – 55점

④ 무 – 55점

> **✔해설** 가장 낮은 점수를 받은 사람은 55점을 받은 '무'이다.

39 다음은 2022년 국가별 수출입 실적표이다. 표에 대한 설명 중 옳지 않은 것은?

(단위 : 백만 달러)

국가	수출건수	수출금액	수입건수	수입금액	무역수지
브라질	485,549	9,685,217	68,524	4,685,679	4,999,538
중국	695,541	26,574,985	584,963	14,268,957	12,306,028
인도	74,218	6,329,624	19,689	967,652	5,361,972
그리스	54,958	7,635,148	36,874	9,687,452	−2,052,304

① 2022년 수출금액이 가장 큰 국가는 중국이다.

② 그리스는 위 4개국 중 수출건수가 가장 적다.

③ 브라질과 인도의 무역수지를 더한 값은 중국의 무역수지 값보다 크다.

④ 브라질과 그리스의 수입금액의 합은 중국의 수입금액보다 크다.

> **✔해설** ③ 브라질과 인도의 무역수지를 더한 값은 중국의 무역수지 값보다 작다.
> ① 중국이 26,574,985로 수출금액이 가장 크다.
> ② 그리스는 54,958로 수출건수가 가장 적다.
> ④ 브라질과 그리스의 수입금액의 합은 14,373,131로 중국의 수입금액보다 104,174 크다.

40 다음은 2019~2022년에 자연과학, 공학, 의학 및 농학 분야에 투자된 국가전체의 총 연구개발비에 대한 자료이다. 표에 관한 설명으로 옳지 않은 것은?

〈표〉 국가별 연구개발비

(단위 : 백만 $)

구분	2019	2020	2021	2022
한국	46,130	52,100	58,380	65,395
미국	406,000	409,599	429,143	453,544
독일	83,134	87,832	96,971	102,238
프랑스	49,944	50,736	53,311	55,352
중국	184,457	213,010	247,808	293,550
영국	39,581	38,144	39,217	39,110

① 영국을 제외한 5개국은 2019년부터 2022년까지 연구개발비가 꾸준히 증가했다.

② 2021년 대비 2022년 연구개발비 증가율이 가장 큰 나라는 중국이다.

③ 2019년 미국의 연구개발비는 나머지 5개국의 연구개발비의 총 합보다 높다.

④ 2022년 각 나라별 인구수 대비 연구개발비 금액이 가장 높은 나라는 미국이다.

✔해설 ④ 주어진 자료로는 각 나라별 인구수를 알 수 없다.

|41~42| 다음 표는 향기관련 특허출원에 대한 국적별 동향을 보여주는 자료이다. 물음에 답하시오.

〈표 1〉 전체 향기관련 특허출원 동향

(단위 : 건)

국적＼연도	1999~2010	2011~2015	2016	2017	2018	2019	2020	2021	2022	합계
내국인	11	23	8	12	35	46	59	60	49	303
외국인	22	34	7	14	24	36	32	34	47	250

〈표 2〉 기술별 향기관련 특허출원 동향

(단위 : 건)

국적＼기술	연도	1999~2010	2011~2015	2016	2017	2018	2019	2020	2021	2022	합계
향기물질	내국인	2	6	3	2	4	4	2	3	2	28
	외국인	13	17	3	2	3	3	7	2	2	52
	소 계	15	23	6	4	7	7	9	5	4	80
향기지속기술	내국인	2	8	4	6	8	13	15	23	18	97
	외국인	3	9	2	2	4	14	9	10	13	66
	소 계	5	17	6	8	12	27	24	33	31	163
응용제품	내국인	2	8	1	3	21	29	39	32	27	162
	외국인	5	5	2	9	17	18	13	21	30	120
	소 계	7	13	3	12	38	47	52	53	57	282
기타	내국인	5	1	0	1	2	0	3	2	2	16
	외국인	1	3	0	1	0	1	3	1	2	12
	소 계	6	4	0	2	2	1	6	3	4	28

〈표 3〉 향기지속기술 특허출원 동향

(단위 : 건)

구분	방향제코팅기술	분산기술	제조공정	기타	합계
내국인	37	15	10	35	97
외국인	22	14	14	16	66

Answer 40.④

41 다음 설명 중 옳은 것을 모두 고른 것은?

> ㉠ 2018년 이후 전체 향기관련 내국인의 특허출원건수는 외국인의 특허출원건수보다 많다.
> ㉡ 향기지속기술 특허출원에서 방향제코팅기술의 특허출원건수가 전체 향기지속기술 특허출원건수의 35 % 이상을 차지하고 있다.
> ㉢ 2017년 이후 전체 향기관련 특허출원건수가 전년대비 100 % 이상 증가한 적이 있다.
> ㉣ 2017년 이후 향기관련 응용제품의 전년대비 특허출원 건수의 증가율은 2018년에 가장 높다.

① ㉠, ㉢   ② ㉡, ㉣
③ ㉠, ㉡, ㉢   ④ ㉠, ㉢, ㉣

✔해설 ㉣ 2017년이 전년대비 특허출원 건수의 증가율이 가장 높다.

42 향기지속기술 특허출원 동향에서 외국인의 분산기술 특허출원은 외국인의 특허출원 총건수의 얼마를 차지하는가? (단 소수점 둘째자리에서 반올림한다)

① 19.8%   ② 20.1%
③ 20.8%   ④ 21.2%

✔해설 $\frac{14}{66} \times 100 = 21.2121 \cdots$

43 다음은 11개 전통건축물의 공포양식과 주요 구조물의 치수에 대한 조사 자료이다. 이에 대한 설명 중 옳은 것은?

(단위 : 척)

명칭	현 소재지	공포양식	기둥 지름	처마서까래 지름	부연	
					폭	높이
숭례문	서울	다포	1.80	0.60	0.40	0.50
관덕정	제주	익공	1.50	0.50	0.25	0.30
봉정사 화엄강당	경북	주심포	1.50	0.55	0.40	0.50
문묘 대성전	서울	다포	1.75	0.55	0.35	0.45
창덕궁 인정전	서울	다포	2.00	0.70	0.40	0.60
남원 광한루	전북	익공	1.40	0.60	0.55	0.55
화엄사 각황전	전남	다포	1.82	0.70	0.50	0.60
창의문	서울	익공	1.40	0.50	0.30	0.40
장곡사 상대웅전	충남	주심포	1.60	0.60	0.40	0.60
무량사 극락전	충남	다포	2.20	0.80	0.35	0.50
덕수궁 중화전	서울	다포	1.70	0.70	0.40	0.50

① 서울에 있는 건축물은 모두 다포식으로 지어졌다.

② 11개 건축물의 최대 기둥 지름은 2.00척이다.

③ 11개 건축물의 부연은 높이가 폭보다 크다.

④ 각 건축물의 기둥지름 대비 처마서까래지름 비율은 0.50을 넘지 않는다.

✔ 해설 ① 창의문은 익공식으로 지어졌다.
② 11개 건축물의 기둥 지름이 가장 큰 건축물은 무량사 극락전으로 2.20척이다.
③ 남원 광한루는 부연의 높이와 폭이 같다.

▌44~45▐ 다음 표는 정책대상자 294명과 전문가 33명을 대상으로 정책과제에 대한 정책만족도를 조사한 자료이다. 물음에 답하시오.

〈표 1〉 정책대상자의 항목별 정책만족도

(단위 : %)

항목 \ 만족도	매우 만족	약간 만족	보통	약간 불만족	매우 불만족
의견수렴도	4.8	28.2	34.0	26.9	6.1
적절성	7.8	44.9	26.9	17.3	3.1
효과성	6.5	31.6	32.7	24.1	5.1
체감만족도	3.1	27.9	37.4	26.5	5.1

〈표 2〉 전문가의 항목별 정책만족도

(단위 : %)

항목 \ 만족도	매우 만족	약간 만족	보통	약간 불만족	매우 불만족
의견수렴도	3.0	24.2	30.3	36.4	6.1
적절성	3.0	60.6	21.2	15.2	–
효과성	3.0	30.3	30.3	36.4	–
체감만족도	–	30.3	33.3	33.3	3.0

* 만족비율 = '매우 만족' 비율 + '약간 만족' 비율
* 불만족비율 = '매우 불만족' 비율 + '약간 불만족' 비율

44 정책대상자 중 의견수렴도 항목에 만족하는 사람의 비율은 몇 명인가? (단, 소수점 첫째자리에서 반올림 한다)

① 97명　　　　　　　　　　　　　② 99명

③ 100명　　　　　　　　　　　　④ 102명

　　✔해설　매우 만족하는 사람 : 294 × 0.048 = 14.112 → 14명
　　　　　　약간 만족하는 사람 : 294 × 0.282 = 82.908 → 83명

45 다음 중 위의 자료에 근거한 설명으로 옳은 것은?

① 정책대상자의 정책만족도를 조사한 결과, 만족비율은 불만족 비율보다 약간 낮은 수준이다.

② 효과성 항목에서 '약간 불만족'으로 응답한 전문가 수는 '매우 불만족'으로 응답한 정책대상자 수 보다 많다.

③ 적절성 항목이 타 항목에 비해 만족비율이 높다.

④ 의견수렴도 항목에서 만족비율은 전문가가 정책대상자보다 높다.

　　✔해설　① 각 항목별로 모두 결과가 다르기 때문에 단언할 수 없다.
　　　　　　② 효과성 항목에서 '약간 불만족'으로 응답한 전문가 수는 '매우 불만족'으로 응답한 정책대상자 수보 다 적다.
　　　　　　④ 의견수렴도 항목에서 만족비율은 전문가가 27.2%, 정책대상자가 33%로 전문가가 정책대상자보다 낮다.

Answer　44.①　45.③

▌46~47▐ 다음은 A 화학섬유 기업의 매출액 및 이익을 나타낸 자료이다. 물음에 답하시오.

〈표1〉 2021~2022년 매출액 및 이익

(단위 : 억 원)

	매출액	영업이익	순이익
2021년	8,999	226	−409
2022년	9,424	26	−269

〈표2〉 매출비중

(2022년, 1H기준, 단위 : %)

46 2021년에서 2022년 사이 A 기업의 매출액은 대략 몇 % 증가하였는가?

① 약 5% 　　　　　　　　　　② 약 6%

③ 약 7% 　　　　　　　　　　④ 약 8%

 $\dfrac{9,424-8,999}{8,999}\times100 ≒ 4.72\%$

47 2022년 A 기업의 폴리에스터 섬유의 매출액은 얼마인가?

① 2,356억 원 　　　　　　　② 2,344억 원

③ 2,435억 원 　　　　　　　④ 2,546억 원

 $9,424\times0.25=2,356$(억 원)

| 48~50 | 다음은 2023년 어느 도시의 산업분류별 사업체수 및 종사자수에 대한 자료이다. 물음에 답하시오.

<표> 산업분류별 사업체수 및 종사자수

산업분류	사업체수	총 종사자수	총 종사자수(남)	총 종사자수(여)
도매 및 소매업	108,410	643,931	376,444	267,487
숙박 및 음식점업	69,639	350,526	142,780	207,746
제조업	33,571	252,213	148,738	103,475
협회 및 단체, 수리 및 기타 개인서비스업	30,740	151,038	80,785	70,253
전문, 과학 및 기술서비스업	26,730	389,323	260,760	128,563
보건업 및 사회복지서비스업	23,308	257,362	59,723	197,639
교육서비스업	18,139	213,582	96,192	117,390
부동산업 및 임대업	16,558	118,602	81,894	36,708
출판, 영상, 방송통신 및 정보서비스업	15,795	296,134	207,691	88,443
기타	50,968	1,146,077	745,677	400,400

48 다음 중 한 사업체당 평균 종사자수가 가장 많은 산업분류는 무엇인가?

① 제조업
② 출판, 영상, 방송통신 및 정보서비스업
③ 교육서비스업
④ 부동산업 및 임대업

✔해설 ① $\frac{252,213}{33,571} ≒ 7.51$(명)

② $\frac{296,134}{15,795} ≒ 18.75$(명)

③ $\frac{213,582}{18,139} ≒ 11.77$(명)

49 다음 중 남자 종사자수 대비 여자 종사자수의 비율이 가장 높은 산업분류는 무엇인가?

① 도매 및 소매업

② 제조업

③ 협회 및 단체, 수리 및 기타 개인서비스업

④ 전문, 과학 및 기술서비스업

 해설

① $\frac{267,487}{376,444} \fallingdotseq 0.71$

② $\frac{103,475}{148,738} \fallingdotseq 0.70$

③ $\frac{70,253}{80,785} \fallingdotseq 0.87$

④ $\frac{128,563}{260,760} \fallingdotseq 0.49$

50 다음 중 총 종사자수 중 남자가 차지하는 비중이 가장 높은 산업분류는 무엇인가?

① 숙박 및 음식점업

② 보건업 및 사회복지서비스업

③ 교육서비스업

④ 부동산업 및 임대업

✔ 해설

① $\frac{142,780}{350,526} \fallingdotseq 0.41$

② $\frac{59,723}{257,362} \fallingdotseq 0.23$

③ $\frac{96,192}{213,582} \fallingdotseq 0.45$

④ $\frac{81,894}{118,602} \fallingdotseq 0.69$

51 다음 표는 2021 ~ 2022년 지역별 직장인들의 자기개발에 관해 조사한 내용을 정리한 것이다. 이에 대한 분석으로 옳은 것은?

(단위 : %)

연도 구분 지역	2021				2022			
	자기개발 하고 있음	자기개발 비용 부담 주체			자기개발 하고 있음	자기개발 비용 부담 주체		
		직장 100%	본인 100%	직장50%+ 본인50%		직장 100%	본인 100%	직장50%+ 본인50%
충청도	36.8	8.5	88.5	3.1	45.9	9.0	65.5	24.5
제주도	57.4	8.3	89.1	2.9	68.5	7.9	68.3	23.8
경기도	58.2	12	86.3	2.6	71.0	7.5	74.0	18.5
서울시	60.6	13.4	84.2	2.4	72.7	11.0	73.7	15.3
경상도	40.5	10.7	86.1	3.2	51.0	13.6	74.9	11.6

① 자기개발 비용을 본인이 100% 부담하는 사람의 비율은 다른 주체의 비율보다 많다.

② 자기개발을 하고 있다고 응답한 사람의 수는 2021년과 2022년 모두 서울시가 가장 많다.

③ 자기개발 비용을 직장과 본인이 각각 절반씩 부담하는 사람의 비율은 2021년과 2022년 모두 서울시가 가장 높다.

④ 2021년과 2022년 모두 자기개발을 하고 있다고 응답한 비율이 가장 높은 지역에서 자기개발비용을 직장이 100% 부담한다고 응답한 사람의 비율이 가장 높다.

✔해설 ② 지역별 인원수가 제시되어 있지 않으므로, 각 지역별 응답자 수는 알 수 없다.
③ 2021년에는 경상도에서, 2022년에는 충청도에서 가장 높은 비율을 보인다.
④ 2021년과 2022년 모두 '자기 개발을 하고 있다'고 응답한 비율이 가장 높은 지역은 서울시이며, 2022년의 경우 자기개발 비용을 직장이 100% 부담한다고 응답한 사람의 비율이 가장 높은 지역은 경상도이다.

52 다음은 A기업의 부채 및 통행료 수입에 관한 자료이다. 이에 대한 설명으로 옳지 않은 것은?

(단위 : 십억 원, km)

구분 \ 연도	2018	2019	2020	2021	2022
부채 지급이자	603	748	932	926	953
통행료 수입	1,264	1,443	1,687	1,826	2,200
유료도로 길이	1,893	1,898	1,996	2,041	2,600

① 부채 지급이자는 2018년부터 2020년까지 매년 증가하고 있다.

② 위 자료를 토대로 2023년도 통행료 수입은 2,000원 이하로 예상할 수 있다.

③ 유료도로 길이는 2022년도에 급격하게 늘어났다.

④ 2018년도 유료도로 1km당 통행료 수입은 6억 원 이상이다.

✅해설 ① 부채 지급이자는 2018년부터 2020년까지 매년 증가하고 있다.
② 위 자료만으로 알 수 없다.
③ 유료도로 길이는 2022년도에 559km 늘어났다.
④ $\dfrac{1,264,000,000,000}{1,893} ≒ 667,723,190$원이다.

53 박물관을 찾는 사람의 연령층을 조사했더니 다음과 같았다. 각 박물관에서 40세 미만의 손님이 가장 많은 곳은 두 번째로 많은 곳의 몇 배인가? (단, 소수 셋째 자리에서 반올림하여 계산한다.)

구분	국립 중앙 박물관	공주 박물관	부여 박물관
10 ~ 19세	32%	28%	26%
20 ~ 29세	29%	23%	25%
30 ~ 39세	20%	20%	35%
40 ~ 49세	17%	18%	16%
50세 이상	9%	15%	20%
총 인원수	40,000	28,000	25,000

① 1.32배
② 1.39배
③ 1.45배
④ 1.51배

✅해설 각 박물관을 찾은 40세 미만인 손님의 인원수를 구한다.

국립 중앙 박물관 : $32+29+20=81$

$40,000 \times 0.81 = 32,400$

공주 박물관 : $28+23+20=71$

$28,000 \times 0.71 = 19,880$

부여 박물관 : $26+25+35=86$

$25,000 \times 0.86 = 21,500$

그러므로, $32,400 \div 21,500 = 1.51$

54 다음은 E국의 연도별 연령별 인구에 관한 자료이다. 다음 중 옳지 않은 것들로 묶인 것은?

연도 연령	2010년	2015년	2020년
전체 인구	85,553,710	89,153,187	90,156,842
0~30세	36,539,914	35,232,370	33,257,192
0~10세	6,523,524	6,574,314	5,551,237
11~20세	11,879,849	10,604,212	10,197,537
21~30세	18,136,541	18,053,844	17,508,418

㉠ 11~20세 인구의 10년간 흐름은 전체 인구의 흐름과 일치한다.
㉡ 20세 이하의 인구는 2010, 2015, 2020년 중 2015년에 가장 많다.
㉢ 2020년의 21~30세의 인구가 전체 인구에서 차지하는 비율은 20% 이상이다.
㉣ 2010년 대비 2020년의 30세 이하 인구는 모두 감소하였다.

① ㉠㉢

② ㉠㉣

③ ㉡㉢

④ ㉡㉣

✅해설 ㉠ 11~20세 인구의 10년간 흐름은 5년마다 감소하고 있지만 전체 인구의 흐름은 증가하고 있다.

㉢ $\dfrac{17,508,418}{90,156,842} \times 100 = 19.42\%$

㉡ 20세 이하의 인구는 2010년(18,403,373명), 2015년(17,178,526명), 2020년(15,748,774명)이다.

㉣ 2010년 대비 2020년의 30세 이하 인구는 모두 감소하였다.

- 0~10세 인구 : 972,287명 감소
- 11~20세 인구 : 1,682,312명 감소
- 21~30세 인구 : 628,123명 감소

Answer 52.② 53.④ 54.①

55 다음은 문화산업부문 예산에 관한 자료이다. 다음 중 ㈎와 ㈐의 구하면?

분야	예산(억 원)	비율(%)
출판	㈎	㈐
영상	40.85	19
게임	51.6	24
광고	㈏	31
저작권	23.65	11
총합	㈑	100

    ㈎   ㈑

① 29.25   185

② 30.25   195

③ 31.25   205

④ 32.25   215

 해설 ㉠ 영상 분야의 예산은 40.85(억 원), 비율은 19(%)이므로, 40.85 : 19 ＝㈎ : ㈐

    • ㈐＝100−(19＋24＋31＋11)＝15%

    • 40.85×15＝19×㈎,   ∴ 출판 분야의 예산 ㈎＝32.25(억 원)

  ㉡ 위와 동일하게 광고 분야의 예산을 구하면, 40.85 : 19 ＝ ㈏ : 31

    • 40.85×31＝19×㈏,   ∴ 광고 분야의 예산 ㈏＝66.65(억 원)

  ㉢ 예산의 총합 ㈑는 32.25＋40.85＋51.6＋66.65＋23.65＝215(억 원)

|56~57| 다음은 우리나라 농수산식품의 수출입 동향을 나타낸 자료이다. 물음에 답하시오.

(단위 : 백만 달러)

		2018년	2019년	2020년	2021년	2022년
수출	소계	4,070	4,846	5,261	5,112	5,099
	농산물	3,595	4,328	4,713	4,532	4,498
	축산물	160	182	203	213	210
	임산물	315	336	345	367	391
수입	소계	23,289	30,190	40,323	42,555	43,532
	농산물	14,026	17,758	23,694	25,847	28,189
	축산물	3,295	5,648	8,691	7,851	6,328
	임산물	5,968	6,784	7,938	8,857	9,015
무역수지		−19,219	−25,344	−35,062	−37,443	−41,433

56 다음 중 옳은 것은?

① 최근 5년 동안 무역수지 적자는 약 3.15배 증가했다.

② 2022년 농산물의 수입액은 같은 해 농산물의 수출액의 약 7.06배에 달한다.

③ 최근 5년 동안의 농수산식품 총 수출액의 합은 2018년 농수산식품 총 수입액보다 작다.

④ 최근 5년 동안에 농수산식품 총 수입액은 1.5배 이상 증가했다.

> ✔해설 ① 41,433÷19,219 ≒ 2.15⋯
> ② 2022년 농산물의 수입액 : 28,189
> 2022년 농산물의 수출액 : 4,498
> 28,189÷4,498 ≒ 6.26⋯
> ③ 최근 5년 동안의 농수산식품 총 수출액의 합 : 24,388
> 2018년 농수산식품 총 수입액 : 23,289

57 다음 중 농수산식품의 총 수입액 중 농산물의 비율이 다른 해에 비해 가장 낮았던 해는 언제인가?

① 2018년　　　　　　　　　　　② 2019년
③ 2020년　　　　　　　　　　　④ 2021년

> ✔해설 최근 5년 동안의 농수산식품 총 수입액 중 농산물의 비율
> • 2018년 : 약 60.2%
> • 2019년 : 약 58.8%
> • 2020년 : 약 58.7%
> • 2021년 : 약 60.7%
> • 2022년 : 약 64.7%

┃58~59┃ 다음에 제시된 투자 조건을 보고 물음에 답하시오.

투자안	판매단가(원/개)	고정비(원)	변동비(원/개)
A	2	20,000	1.5
B	2	60,000	1.0

1) 매출액 = 판매단가×매출량(개)
2) 매출원가 = 고정비+(변동비×매출량(개))
3) 매출이익 = 매출액−매출원가

58 위의 투자안 A와 B의 투자 조건을 보고 매출량과 매출이익을 해석한 것으로 옳은 것은?

① 매출량 증가폭 대비 매출이익의 증가폭은 투자안 A가 투자안 B보다 항상 작다.
② 매출량 증가폭 대비 매출이익의 증가폭은 투자안 A가 투자안 B보다 항상 크다.
③ 매출이익이 0이 되는 매출량은 투자안 A가 투자안 B보다 많다.
④ 매출이익이 0이 되는 매출량은 투자안 A가 투자안 B가 같다.

> ✔해설 ①② 매출량 증가폭 대비 매출이익의 증가폭은 기울기를 의미하는 것이다.
> 　　매출량을 x, 매출이익을 y라고 할 때,
> 　　A는 $y = 2x - (20,000 + 1.5x) = -20,000 + 0.5x$
> 　　B는 $y = 2x - (60,000 + 1.0x) = -60,000 + x$
> 　　따라서 A의 기울기는 0.5, B의 기울이는 1이 돼서 매출량 증가폭 대비 매출이익의 증가폭은 투자안 A가 투자안 B보다 항상 작다.
> ③④ A의 매출이익은 매출량 40,000일 때 0이고, B의 매출이익은 매출량이 60,000일 때 0이 된다.
> 　　따라서 매출이익이 0이 되는 매출량은 투자안 A가 투자안 B보다 작다.

59 매출량이 60,000개라고 할 때, 투자안 A와 투자안 B를 비교한 매출이익은 어떻게 되겠는가?

① 투자안 A가 투자안 B보다 같다.

② 투자안 A가 투자안 B보다 작다.

③ 투자안 A가 투자안 B보다 크다.

④ 제시된 내용만으로 비교할 수 없다.

> ✔해설 ㉠ A의 매출이익
> - 매출액 $= 2 \times 60,000 = 120,000$
> - 매출원가 $= 20,000 + (1.5 \times 60,000) = 110,000$
> - 매출이익 $= 120,000 - 110,000 = 10,000$
> ㉡ B의 매출이익
> - 매출액 $= 2 \times 60,000 = 120,000$
> - 매출원가 $= 60,000 + (1.0 \times 60,000) = 120,000$
> - 매출이익 $= 120,000 - 120,000 = 0$
> ∴ 투자안 A가 투자안 B보다 크다.

60 다음은 갑국 ~ 정국의 성별 평균소득과 대학진학률의 격차지수만으로 계산한 간이 성평등지수에 대한 표이다. 이에 대한 설명으로 옳은 것만 모두 고른 것은?

(단위 : 달러, %)

국가 \ 항목	평균소득			대학진학률			간이 성평등 지수
	여성	남성	격차지수	여성	남성	격차지수	
갑	8,000	16,000	0.50	68	48	1.00	0.75
을	36,000	60,000	0.60	( )	80	( )	( )
병	20,000	25,000	0.80	70	84	0.83	0.82
정	3,500	5,000	0.70	11	15	0.73	0.72

※ 격차지수는 남성 항목값 대비 여성 항목값의 비율로 계산하며, 그 값이 1을 넘으면 1로 한다.

※ 간이 성평등지수는 평균소득 격차지수와 대학진학률 격차지수의 산술 평균이다.

※ 격차지수와 간이 성평등지수는 소수점 셋째자리에서 반올림한다.

> ㉠ 갑국의 여성 평균소득과 남성 평균소득이 각각 1,000달러씩 증가하면 갑국의 간이 성평등지수는 0.80 이상이 된다.
> ㉡ 을국의 여성 대학진학률이 85%이면 간이 성평등지수는 을국이 병국보다 높다.
> ㉢ 정국의 여성 대학진학률이 4%p 상승하면 정국의 간이 성평등지수는 0.80 이상이 된다.

① ㉠   ② ㉡

③ ㉢   ④ ㉠㉡

✔**해설** ㉠ 갑국의 평균소득이 각각 1,000달러씩 증가하면 여성 9,000, 남성 17,000

격차지수를 구하면 $\frac{9,000}{17,000} = 0.529 = 0.53$

간이 성평등지수를 구하면 $\frac{0.53+1}{2} = 0.765 = 0.77$

갑국의 간이 성평등지수는 0.80 이하이다.

㉡ 을국의 여성 대학진학률이 85%이면 격차지수는 $\frac{85}{80} = 1.0625 = 1$

간이 성평등지수를 구하면 $\frac{0.60+1}{2} = 0.8$

병국의 간이 성평등지수는 0.82, 을국의 간이 성평등지수는 0.8이므로 병국이 더 높다.

㉢ 정국의 여성 대학진학률이 4%p 상승하면 격차지수는 $\frac{15}{15} = 1$

간이 성평등지수는 $\frac{0.70+1}{2} = 0.85$

정국의 간이 성평등지수는 0.80 이상이 된다.

Answer 60.③

출제예상문제

※ 상황판단능력은 주어진 상황에서 응시자의 행동을 파악하기 위한 자료로써 별도의 정답이 존재하지 않습니다.

┃1~50┃ 주어진 상황에서 자신이라면 어떻게 행동할지 가장 가까운 번호를 고르시오.

1 당신은 이제 막 들어온 신입이다. 회사에서 급하게 지시한 업무를 하다가 막히는 부분을 발견했다. 상사가 중요한 미팅건으로 외부에 나가있다면 어떻게 하겠는가?

① 다른 선배에게 상황을 말하고 대책을 물어본다.
② 상사에게 전화해서 물어본다.
③ 상사가 돌아올 때 까지 기다린다.
④ 급한 업무인 만큼 직접 해결한다.

2 당신은 팀장이다. 회사가 업무로 한참 바쁠 시기에 팀원 중 한명이 휴가를 내겠다고 한다. 어떻게 하겠는가?

① 바쁜 시기인 만큼 휴가를 다음에 쓰도록 팀원을 설득한다.
② 팀원에게 휴가를 허락한다.
③ 휴가를 허가하되 짧게 내도록 권한다.
④ 다른 팀장에게 조언을 구한다.

3 당신은 전날 회식으로 늦잠을 잤다. 급하게 가던 중에 눈앞에서 교통사고를 목격했다. 주변에 도와줄 사람이 몇 명 없다. 어떻게 하겠는가?

① 출근이 먼저이므로 그냥 지나간다.
② 주변사람을 불러온다.
③ 회사에 일이 생겨 늦겠다고 전화한다.
④ 병원까지 함께 한다.

4 당신은 이번 휴가에 가족과 해외 여행을 가기로 마음먹었다. 그러나 휴가 당일에 상사로부터 회사에 급한 일이 있으니 휴가를 다음으로 미루라고 지시를 받았다면 당신은 어떻게 하겠는가?

① 상사의 지시를 무시하고 여행을 간다.
② 상사의 지시에 따른다.
③ 가족들만이라도 여행을 보낸다.
④ 동료에게 일을 부탁한다.

5 당신은 팀장이다. 요 근래 야근이 잦을 정도로 업무가 밀려 정신이 없는 상황이다. 팀원들이 회식을 은근히 바라는 눈치다. 어떻게 하겠는가?

① 팀원들의 사기를 돋우기 위해 회식을 진행한다.
② 업무를 위해 회식을 후일로 미룬다.
③ 팀 분위기를 다시 살핀다.
④ 팀원이 직접 말할 때까지 기다린다.

6 당신은 열의를 가지고 새로운 방식으로 일을 제시하는 스타일이다. 그러나 매번 상사의 반대에 부딪혀 자신의 의견이 무시되었다면 당신은 어떻게 하겠는가?

① 새로운 방식으로 상사를 설득시킨다.
② 기존의 방식으로 다시 보고를 한다.
③ 새로운 방식과 기존의 방식의 절충안을 찾아본다.
④ 서로의 입장을 이해하여 같이 고민한다.

7 새로 들어온 신입사원이 눈치를 살피며 일을 게을리하는게 보인다. 업무시간에도 다른 일을 하다가 급하게 정리하기도 한다. 이 상황에서 당신은 어떻게 할 것인가?

① 요즘 행동에 대해 조용히 묻는다.　　② 따로 불러내서 혼을 낸다.
③ 무시한다.　　④ 상사에게 알린다.

8 이번 프로젝트에서 부장은 자신의 의견대로 회의를 마무리하려 한다. 그러나 당신은 다른 의견을 가지고 있다. 딩신이라면 어떻게 하겠는가?

① 아무리 상사일지라도 자신의 의견을 확고히 말한다.
② 부하 직원에게 자신의 의견을 대신 말하라 지시한다.
③ 회사 생활을 위해 입을 꾹 다문다.
④ 회의가 끝난 후 부장님에게 따로 보고를 한다.

9 당신은 퇴근 도중에 사고가 나서 다음날 출근이 불가능하다. 병원에 입원해야 할 상황이라면 당신은 어떻게 하겠는가?

① 동료에게 일을 부탁한다.
② 상사에게 사고의 자초지종을 설명한다.
③ 어떻게든 회사에 출근한다.
④ 보험회사와 이야기하여 방법을 모색한다.

10 당신은 회사에서 불법적인 일을 행하는 상사의 모습을 발견했다. 당신이라면 어떻게 하겠는가?

① 회사에 해가 되는 일이라면 바로 신고한다.
② 상사에게 이런 일을 하는 이유를 묻는다.
③ 사회 생활을 위해 조용히 묻는다.
④ 상사의 일이므로 일단 모른체히고 대기를 요구한다.

11 당신은 매 회의마다 부장에게서 팀장 자질이 없다며 모욕 및 폭언을 당했다. 당신이라면 어떻게 하겠는가?

① 부장을 상대로 소송을 한다.
② 부장이 퇴사할 때까지 기다린다.
③ 예민한 직원으로 찍힐 수 있으므로 조용히 묻는다.
④ 다른 상사에게 도움을 요청한다.

12 당신은 입사한지 1년 차인 사원이다. 예상치 못하게 서울 본사에서 제주도로 발령이 났다면 당신은 어떻게 하겠는가?

① 힘들더라도 제주도에서 혼자 생활한다.

② 회사에 인사발령 취소를 요청한다.

③ 현재 회사를 그만두고 다른 회사를 찾아본다.

④ 가족들과 함께 제주도로 이사한다.

13 당신은 팀원들을 이끌고 야유회를 열 예정이다. 팀원 대다수는 좋아하지만 일부는 불참 의사를 밝히고 있다. 당신이라면 어떻게 하겠는가?

① 팀의 단합을 위한 것이므로 참여하도록 독려한다.

② 회사 일의 연장선이므로 불참사유서를 작성하게 한다.

③ 분위기가 흐트러질 수 있으므로 야유회를 엄격하게 진행한다.

④ 후배에게 따로 불참자를 만날 것을 지시한다.

14 점심시간을 제대로 활용하지 못할 정도로 회사에 일이 많다. 팀원들이 지친 기색이 역력하다면 당신이 팀장이라면 어떻게 하겠는가?

① 팀원들에게 별도의 휴식 시간을 제공한다.

② 팀원들에게 따로 간식을 제공한다.

③ 팀의 사정을 말하고 일을 마무리 하도록 재촉한다.

④ 다른 팀의 상황을 참고한다.

15 오늘 회식은 한식집에서 열기로 하였다. 그러나 당신은 하루종일 속이 메스꺼워 회식에 빠지고 싶다. 당신이라면 어떻게 하겠는가?

① 동료에게 말하고 혼자 빠진다.

② 상사에게 오늘은 사정이 있어서 다음에 참가하겠다고 말한다.

③ 회식에 참여하지 못하는 이유를 적은 사유서를 제출한다.

④ 그냥 상사의 말에 따른다.

16 갑자기 팀원 두 명이 식중독 증세를 보여 병원에 입원했다. 팀원들은 점심에 먹은 음식이 의심이 된다고 한다. 당신이라면 어떻게 하겠는가?

① 식당에 전화하여 상황을 알린다.

② 상사에게 현 상황을 알린다.

③ 다른 팀원들이 일을 처리할 것으로 생각하고 모른척한다.

④ 식중독 증세의 원인을 인터넷으로 검색한다.

17 당신은 들어 온지 얼마 안 된 신입사원이다. 오늘은 여자 친구와 만난지 300일이 되는 날이다. 그러나 공교롭게 회식일정이 겹치게 되었다. 당신이라면 어떻게 하겠는가?

① 여자 친구에게 전화로 사정을 이야기한 후 회식에 참여한다.

② 회식에 1차를 참여하고 여자 친구에게 간다.

③ 여자 친구에게 잠깐 들렸다가 회식 자리에 참여한다.

④ 상사에게 사정을 말하고 여자 친구에게 간다.

18 식당에서 점심을 먹은 후 계산을 하려는데, 지갑이 없는 것을 알았다. 당신이라면 어떻게 하겠는가?

① 후배에게 연락하여 지갑을 가지고 오라고 시킨다.

② 점심을 같이 먹은 동료에게 돈을 빌린다.

③ 식당 계산대에서 은행계좌번호를 받아온다.

④ 식당 주인에게 연락처를 주고 다음에 주겠다고 약속한다.

19 업무 시간에 컴퓨터가 인터넷이 먹통이 되었다. 상사가 자기 일이 많아 도움을 주지 못할 상황이라면 당신은 어떻게 하겠는가?

① 상사의 일이 다 마무리될 때까지 기다린다.

② 동료에게 도움을 요청한다.

③ 회사의 컴퓨터 담당 업무자에게 전화한다.

④ 어떻게든 혼자서 해결한다.

20 당신은 팀장이다. 들어 온지 얼마 안 되는 신입사원이 자꾸 졸고 있다. 이 상황에서 당신은 어떻게 하겠는가?

① 피곤한가 보다 하고 무시한다.
② 흔들어 깨운 후 따로 불러 따끔하게 혼낸다.
③ 사유서를 제출하도록 지시한다.
④ 당장 일어나라고 소리를 질러 깨운다.

21 당신의 부하 직원이 변심한 여자친구 때문에 힘들어하고 있다. 당신이라면 어떻게 하겠는가?

① 모르는 척 한다.
② 업무를 마친 후 술을 사주면서 고민을 함께한다.
③ 따로 휴식 시간을 제공한다.
④ 힘든 일을 다른 부하 직원에게 넘긴다.

22 당신은 팀장이다. 그런데 새로 들어온 신입사원이 당신보다 나이가 많다. 이 상황에서 당신은 어떻게 하겠는가?

① 자신보다 나이가 많으므로 인간적으로 존중한다.
② 회사는 위계질서가 있기 때문에 나이를 떠나 엄하게 대한다.
③ 다른 팀장에게 조언을 구한다.
④ 그냥 모르는 척 한다.

23 당신의 부하 직원이 출근하자마자 소화불량으로 굉장히 힘들어하고 있다. 부하 직원이 일을 제대로 못하고 있는 상황에서 당신이라면 어떻게 하겠는가?

① 반차를 쓰고 쉬라고 권유한다.
② 따로 불러내서 잠깐 쉴 시간을 제공한다.
③ 병원에 다녀오도록 지시한다.
④ 알아서 해결하도록 무시한다.

24 당신은 팀장이다. 갑자기 팀원 사이에 싸움이 나서 언성이 높아지고 있다. 이 상황에서 당신은 어떻게 하겠는가?

① 모르는 척 한다.

② 전체 팀원을 불러내서 따끔하게 혼낸다.

③ 이유를 불문하고 팀장이 보는 앞에서 일어난 사건이므로 엄한 처벌을 가한다.

④ 다른 팀원들을 불러 어떻게 된 일인지 상황을 파악한다.

25 당신은 부하 직원이 업무 시간에 스마트폰으로 게임을 하는 것을 목격했다. 주위에서도 해당 직원에 대해 봐주지 말라는 분위기이다. 당신이라면 어떻게 하겠는가?

① 처음 일어난 일이니 한 번의 기회를 준다.

② 앞으로 업무시간에 스마트폰을 만지지 못하게 지시한다.

③ 해당 직원을 따로 불러 따끔하게 혼낸다.

④ 주위 분위기에 따라 그 자리에서 바로 혼낸다.

26 당신은 인사팀에서 기획실로 발령이 났다. 새로운 부서원들과 관계가 서먹하여 관계개선을 위하여 노력을 하고자 한다. 당신이라면 어떻게 하겠는가?

① 친목을 위해 술자리를 자주 갖는다.

② 부서원들 일정을 일일이 관리해준다.

③ 부서원들을 파악한 후 적정선을 그어 상대한다.

④ 기획실의 분위기를 바꾸려고 노력한다.

27 어느 날 유대리는 당신에게 업무를 시켜 하는 도중에 박팀장은 또 다른 업무를 지시했다. 그러나 시간 관계상 두 가지 일을 모두 하기에는 힘든 상황이다. 당신이라면 어떻게 하겠는가?

① 유대리가 먼저 업무를 시켰으므로 이 업무부터 마무리한다.

② 박팀장이 직급이 더 높은 사람이므로, 이 업무부터 마무리한다.

③ 유대리가 시킨 업무를 먼저 하고, 이후 늦게라도 박팀장이 시킨 업무를 한 후 사정을 말씀 드린다.

④ 박팀장이 시킨 업무를 본인이 하고, 유대리가 시킨 업무는 다른 동료에게 부탁한다.

28 당신은 승진을 위해 1년 동안 무단한 노력을 해왔다. 그러나 당신과 함께 입사한 동료만 승진하게 되었다. 이 상황에서 당신은 어떻게 하겠는가?

① 회사에 대한 회의를 느껴 그만둔다.

② 부당한 승진에 대하여 인사권자에게 따진다.

③ 승진에 대해 부정이 있었음을 회사 홈페이지에 올린다.

④ 자신이 승진하지 못한 이유에 대하여 설명해줄 것을 인사권자에게 요청한다.

29 당신은 평소 친하게 지내던 동료와 1년간 교제를 하고 있다. 둘의 관계를 동료들에게 알리고 싶지만 워낙에 담당 팀장이 업무 효율을 운운하며 사내연애를 반대하는 통에 고민이 깊다. 당신이라면 어떻게 하겠는가?

① 자신의 상관의 의지가 확고하므로 조용히 묻는다.

② 친한 동료 몇몇과 이야기하여 방법을 연구한다.

③ 어쩔 수 없이 다른 부서로 이동한다.

④ 팀장에게 사실대로 고한다.

30 당신은 회사에 이익이 될 만한 아이디어를 가지고 있다. 그러나 신입사원인 당신의 아이디어를 상사는 하찮게 생각하고 있다. 그렇다면 당신은 어떻게 행동할 것인가?

① 아이디어가 받아들여지지 않더라도 내가 할 수 있는 한도에서 반영해본다.

② 아이디어 제도를 제시할 방법에 대해 고민한다.

③ 내 아이디어를 인정해주는 사람이 없으니 조용히 묻는다.

④ 아이디어를 인정받기 어려운 회사는 미래가 없다고 생각하여 회사를 그만둔다.

31 사무실의 냉장고에 자신의 점심식사를 위해 넣어놓은 음식을 누군가 일부 먹은 것을 확인했다. 어떻게 대처하겠는가?

① 다 먹은 것이 아니기 때문에 아무 일도 없는 듯 넘어간다.
② 자신의 식사이니 손대지 말 것을 당부하는 메모를 붙여놓는다.
③ 상사에게 누군가 자신의 것을 먹은 것 같다고 상의한다.
④ 누가 자신의 것을 먹었는지 모든 사원들에게 물어 확인해서 보상을 받는다.

32 같은 팀 동료의 컴퓨터를 잠깐 사용하는 동안에 우연히 그 동료가 메신저를 통해 자신의 친한 동기의 험담을 하고 있는 것을 발견하였다. 어떻게 대처하겠는가?

① 보지 못한 척 넘어간다.
② 그 동기에게 누군가 너의 험담을 하니 행동을 조심하라 일러준다.
③ 팀 동료에게 험담은 옳지 않으니 하지 않는 것이 좋겠다고 충고한다.
④ 상사에게 이러한 상황은 어찌해야 좋을지 상담한다.

33 할머니의 팔순잔치와 회사의 중요한 미팅이 겹쳤다. 당신의 행동은?

① 잔치에 참석해 인사만 하고 바로 미팅에 참석한다.
② 미팅에 참석하여 간단하세 보고 후, 잔치에 참식한다.
③ 미팅을 다른 동료에게 부탁하고 팔순잔치에 참석한다.
④ 할머니께 전화로 사정을 설명하고 미팅에 참석한다.

34 마감기한이 급한 업무를 처리하다가 오류를 발견했다. 상사가 빨리 업무를 마무리 지으라고 재촉하는 상황에서 어떠한 행동을 취하겠는가?

① 정해진 시간이 중요하기 때문에 무시하고 일단 마무리를 짓는다.
② 상사에게 상황을 설명하고 마감시간을 연장해달라고 부탁한다.
③ 마감시간보다 일의 완성도가 중요하므로 대대적으로 수정을 감행한다.
④ 다른 동료에게 문제가 생겼으니 자신을 도와달라고 요청한다.

35 출근길에 떨어진 만원을 발견했다. 경찰서에 가기엔 빠듯한 시간인데 어떻게 처리할 것인가?

① 근처의 가게에 돈이 떨어져 있었다며 설명하고 맡긴다.
② 상사에게 전화해 사정을 설명하고 경찰서에 돈을 맡긴다.
③ 출근시간과 양심을 모두 지키기 위해 무시하고 지나간다.
④ 액수가 크지 않으므로 가까운 편의점에 들려 전부 써버린다.

36 상사가 항상 작게 음악을 틀어놓거나 흥얼거리면서 일을 한다. 조용한 환경에서 효율이 올라가는 당신은 그 소리가 매우 신경 쓰인다. 당신의 행동은?

① 상사에게 직접 시끄럽다고 건의한다.
② 상사에게 이어폰과 마스크를 선물한다.
③ 동료들에게 상사의 험담을 하여 소문이 퍼지게 한다.
④ 상사의 상사에게 상담한다.

37 당신은 후배 B를 많이 아끼고 키워주고 싶다. 그래서 업무를 많이 맡겼다. 하루는 지나가다가 B가 동료들에게 당신이 자기만 일을 시킨다고 불평하는 것을 우연히 듣게 되었다. 이에 대한 당신의 반응은?

① 일을 더 많이 시킨다.
② 일을 시키지 않는다.
③ 불러서 혼낸다.
④ 아예 무시한다.

38 당신은 오늘 해야 할 업무를 다 끝마쳤다. 그런데 퇴근시간이 지나도 대부분의 동료들과 상사가 퇴근을 하지 않고 있다. 그렇다면 당신은?

① 그냥 말없이 퇴근한다.
② 인터넷 등을 하며 상사가 퇴근할 때까지 기다린다.
③ 상사나 동료들에게 도와줄 업무가 있는지 물어보고 없다면 먼저 퇴근한다.
④ 퇴근시간이 되었다고 크게 말한 후 동료들을 이끌고 함께 퇴근하도록 한다.

39 당신은 신입사원이다. 신입사원 교육의 일환으로 간부회의에 참석하게 되었다. 회의 중 간부 A가 설명하고 있는 내용이 틀렸다. 그 어떤 누구도 그것이 틀린 내용인지 모르는 것 같다. 당신은 그것이 명백히 틀렸다는 것을 알고 있다. 그렇다면 당신은?

① 그냥 모르는 척 한다.
② 나중에 간부를 찾아가 아까 말한 내용이 틀렸다고 말해준다.
③ 옆에 있는 동료에게 틀렸다고 귓속말을 해준다.
④ 회의 도중 손을 들고 그 내용이 틀렸다고 말한다.

40 당신의 동료 A가 당신에게 또 다른 동료인 B의 업무처리 능력에 관하여 불만을 토로하였다. 속도도 느리고 정보역시 정확하지 않아 일을 진행하는데 문제가 많다고 하소연을 하는데 이 상황에서 당신은 어떻게 하겠는가?

① 상사에게 말한다.
② A와 같이 험담한다.
③ B에게 가서 객관적으로 말을 전달한다.
④ A에게 직접 가서 이야기 하라고 한다.

41 유능한 인재였던 후배가 집안의 사정으로 점점 회사 일에 집중을 못하고 있는 상태이다. 주변사람들에게 알리는 것을 싫어하여 그 후배의 사정을 알고 있는 사람은 당신뿐, 점점 사람들이 안 좋게 평가를 내리고 있는 상황이다. 이때 당신은 어떻게 하겠는가?

① 사람들에게 알린다.
② 조용히 혼자 방법을 연구한다.
③ 후배를 설득하여 마음을 바꾸도록 한다.
④ 사람들과 이야기하여 방법을 연구한다.

42 평상시 일과 결혼한 사람처럼 일을 해오던 상사가 있다. 당신은 능력 있는 그 사람의 모습에 이성적인 매력보다는 일처리 능력을 존경하고 친하게 지내길 원했다. 여느 때와 다름없이 회식이 끝나고 같은 방향이라 동행하던 중 그 상사가 갑자기 고백을 해온다면 당신은 어떻게 할 것인가?

① 정중하게 거절한다.
② 상관이므로 어쩔 수 없이 만난다.
③ 거절 후 다른 부서로 이동한다.
④ 퇴사한다.

43 중요한 회의를 하고 있다. 그런데 점심에 먹은 것이 잘못되었는지 배에서 요동이 친다. 배가 아파 화장실이 너무 급한 상황이다. 당신은 어떻게 하겠는가?

① 회의가 끝날 때까지 최대한 참기 위해 노력한다.
② 잠시 회의의 중단을 요구하고 화장실을 다녀온다.
③ 회의의 진행에 방해가 되지 않게 조용히 화장실을 다녀온다.
④ 옆의 동료에게 말하고 화장실을 다녀온다.

44 성실하고 모든 일에 열심이라 생각했던 후배의 행동이 이상해졌다. 업무시간에도 눈치를 살피며 부르면 화들짝 놀라기도 한다. 회의시간엔 멍하니 있다가 혼나기도 여러 번이다. 이 상황에서 당신은 어떻게 할 것인가?

① 따끔하게 혼을 낸다.

② 조용하게 불러서 사정을 물어본다.

③ 모르는 척 한다.

④ 상사에게 알린다.

45 당신이 입사한 기업이 새로운 경영전략으로 해외시장진출을 목표로 하고 있다. 이 해외시장진출 목표의 일환으로 중국 회사와의 합작사업추진을 위한 프로젝트팀을 구성하게 되었다. 당신은 이 팀의 리더로 선발 되었으며, 2년 이상 중국에서 근무를 해야만 한다. 그러나 당신은 집안 사정 및 자신의 경력 계획 실현을 위하여 중국 발령을 원하지 않고 있다. 당신의 상사는 당신이 꼭 가야만 한다고 당신을 밤낮으로 설득하고 있다. 당신은 어떻게 하였는가?

① 중국에 가고 싶지 않은 이유를 설명한 후 발령을 취소해 줄 것을 끝까지 요구한다.

② 회사를 그만둔다.

③ 해외발령을 가는 대신 그에 상응하는 대가를 요구한다.

④ 가기 싫지만 모든 것을 받아들이고 간다.

46 당신이 존경하는 상사가 회사를 위한 일이라며 회계장부의 조작 및 회사 자료의 허위조작 등을 요구한다면 당신은 어떻게 하겠는가?

① 회사를 위한 것이므로 따르도록 한다.

② 일 자체가 불법적이므로 할 수 없다고 한다.

③ 불법적 행위에 대하여 경찰에 고소하고 회사를 그만 둔다.

④ 존경하는 상사의 지시이므로 일단 하고 대가를 요구한다.

47 당신은 입사한 지 일주일도 안 된 신입사원이다. 당신이 속해 있는 팀과 팀원들은 현재 진행중인 프로젝트의 마무리로 인하여 매우 바쁜 상태에 있다. 그러나 신입사원인 당신은 자신이 해야 할 업무가 불명확하여 무엇을 해야 할지 모르고, 자신만 아무 일을 하지 않는 것 같아 다른 사람들에게 미안함을 느끼고 있다. 이런 경우 당신은 어떻게 하겠는가?

① 명확한 업무가 책정될 때까지 기다린다.

② 내가 해야 할 일이 무엇인지 스스로 찾아 한다.

③ 현재의 팀에는 내가 할 일이 없으므로 다른 부서로 옮겨줄 것을 요구한다.

④ 팀장에게 요구하여 빠른 시간 내에 자신의 역할이 할당되도록 한다.

48 당신은 현재 공장에서 근무를 하고 있다. 오랜 기간동안 일을 하면서 생산비를 절감할 수 있는 좋은 아이디어 몇 가지를 생각하게 되었다. 그러나 이 공장에는 제안제도라는 것이 없고 당신의 직속상관은 당신의 제안을 하찮게 생각하고 있다. 당신은 막연히 회사의 발전을 위하여 여러 제안들을 생각한 것이지만 아무도 당신의 진심을 알지 못한다. 그렇다면 당신은 어떻게 행동할 것인가?

① 나의 제안을 알아주는 사람도 없고 이 제안을 알리기 위해 이리저리 뛰어 다녀봤자 심신만 피곤할 뿐이니 그냥 앞으로 제안을 생각하지도 않는다.

② 제안제도를 만들 것을 회사에 건의한다.

③ 좋은 제안을 받아들일 줄 모르는 회사는 발전 가능성이 없으므로 이번 기회에 회사를 그만 둔다.

④ 제안이 받아들여지지 않더라도 내가 할 수 있는 한도 내에서 제안할 내용을 일에 적용한다.

49 당신은 현재 부서에서 약 2년간 근무를 하였다. 그런데 이번 인사를 통하여 기획실로 발령이 났다. 기획실은 지금까지 일해오던 부서와는 달리 부서원들이 아주 공격적이며 타인에게 무관심하고 부서원들간 인간적 교류도 거의 없다. 또한 새로운 사람들에게 대단히 배타적이라 당신이 새로운 부서에 적응하는 것을 어렵게 하고 있다. 그렇다면 당신은 어떻게 행동할 것인가?

① 기획실의 분위기를 바꾸기 위해 노력한다.

② 다소 힘이 들더라도 기획실의 분위기에 적응하도록 노력한다.

③ 회사를 그만 둔다.

④ 다른 부서로 바꿔 줄 것을 강력하게 상사에게 요구한다.

50 친하게 지내던 동기가 갑자기 당신의 인사를 무시하기 시작하였다. 뿐만 아니라 회사의 사람들이 당신을 보고 수군거리거나 자리를 피하는 깃 같다. 이 상횡에시 당신은 어떻게 할 것인가?

① 친하게 지내던 동기에게 먼저 다가가 인사한다.

② 적극적으로 무슨 일인지 알아본다.

③ 아무렇지 않은 척 태연하게 회사를 다닌다.

④ 평소보다 더 잘 웃으며 즐겁게 회사를 다닌다.

PART

03

인성검사

인성검사의 개요

1 인성(성격)검사의 개념과 목적

인성(성격)이란 개인을 특징짓는 평범하고 일상적인 사회적 이미지, 즉 지속적이고 일관된 공적 성격 (Public – personality)이며, 환경에 대응함으로써 선천적 · 후천적 요소의 상호작용으로 결정화된 심리적 · 사회적 특성 및 경향을 의미한다.

인성검사는 직무적성검사를 실시하는 대부분의 기업체에서 병행하여 실시하고 있으며, 인성검사만 독자적으로 실시하는 기업도 있다.

기업체에서는 인성검사를 통하여 각 개인이 어떠한 성격 특성이 발달되어 있고, 어떤 특성이 얼마나 부족한지, 그것이 해당 직무의 특성 및 조직문화와 얼마나 맞는지를 알아보고 이에 적합한 인재를 선발하고자 한다. 또한 개인에게 적합한 직무 배분과 부족한 부분을 교육을 통해 보완하도록 할 수 있다.

인성검사의 측정요소는 검사방법에 따라 차이가 있다. 또한 각 기업체들이 사용하고 있는 인성검사는 기존에 개발된 인성검사방법에 각 기업체의 인재상을 적용하여 자신들에게 적합하게 재개발하여 사용하는 경우가 많다. 그러므로 기업체에서 요구하는 인재상을 파악하여 그에 따른 대비책을 준비하는 것이 바람직하다. 본서에서 제시된 인성검사는 크게 '특성'과 '유형'의 측면에서 측정하게 된다.

2 성격의 특성

(1) 정서적 측면

정서적 측면은 평소 마음의 당연시하는 자세나 정신상태가 얼마나 안정되어 있는지 또는 불안정한지를 측정한다.

정서의 상태는 직무수행이나 대인관계와 관련하여 태도나 행동으로 드러난다. 그러므로 정서적 측면을 측정하는 것에 의해, 장래 조직 내의 인간관계에 어느 정도 잘 적응할 수 있을까(또는 적응하지 못할까)를 예측하는 것이 가능하다.

그렇기 때문에, 정서적 측면의 결과는 채용 시에 상당히 중시된다. 아무리 능력이 좋아도 장기적으로 조직 내의 인간관계에 잘 적응할 수 없다고 판단되는 인재는 기본적으로는 채용되지 않는다.

일반적으로 인성(성격)검사는 채용과는 관계없다고 생각하나 정서적으로 조직에 적응하지 못하는 인재는 채용단계에서 가려내지는 것을 유의하여야 한다.

① 민감성(신경도) … 꼼꼼함, 섬세함, 성실함 등의 요소를 통해 일반적으로 신경질적인지 또는 자신의 존재를 위협받는다는 불안을 갖기 쉬운지를 측정한다.

질문	전혀 그렇지 않다	그렇지 않다	그렇다	매우 그렇다
• 배려적이라고 생각한다. • 어지러진 방에 있으면 불안하다. • 실패 후에는 불안하다. • 세세한 것까지 신경쓴다. • 이유 없이 불안할 때가 있다.				

▶측정결과

㉠ '그렇다'가 많은 경우(상처받기 쉬운 유형) : 사소한 일에 신경 쓰고 다른 사람의 사소한 한마디 말에 상처를 받기 쉽다.
• 면접관의 심리 : '동료들과 잘 지낼 수 있을까?', '실패할 때마다 위축되지 않을까?'
• 면접대책 : 다소 신경질적이라도 능력을 발휘할 수 있다는 평가를 얻도록 한다. 주변과 충분한 의사소통이 가능하고, 결정한 것을 실행할 수 있다는 것을 보여주어야 한다.

㉡ '그렇지 않다'가 많은 경우(정신적으로 안정적인 유형) : 사소한 일에 신경 쓰지 않고 금방 해결하며, 주위 사람의 말에 과민하게 반응하지 않는다.
• 면접관의 심리 : '계약할 때 필요한 유형이고, 사고 발생에도 유연하게 대처할 수 있다.'
• 면접대책 : 일반적으로 '민감성'의 측정치가 낮으면 플러스 평가를 받으므로 더욱 자신감 있는 모습을 보여준다.

② **자책성(과민도)** … 자신을 비난하거나 책망하는 정도를 측정한다.

질문	전혀 그렇지 않다	그렇지 않다	그렇다	매우 그렇다
• 후회하는 일이 많다. • 자신이 하찮은 존재라 생각된다. • 문제가 발생하면 자기의 탓이라고 생각한다. • 무슨 일이든지 끙끙대며 진행하는 경향이 있다. • 온순한 편이다.				

▶측정결과

㉠ '그렇다'가 많은 경우(자책하는 유형) : 비관적이고 후회하는 유형이다.

• 면접관의 심리 : '끙끙대며 괴로워하고, 일을 진행하지 못할 것 같다.'

• 면접대책 : 기분이 저조해도 항상 의욕을 가지고 생활하는 것과 책임감이 강하다는 것을 보여준다.

㉡ '그렇지 않다'가 많은 경우(낙천적인 유형) : 기분이 항상 밝은 편이다.

• 면접관의 심리 : '안정된 대인관계를 맺을 수 있고, 외부의 압력에도 흔들리지 않는다.'

• 면접대책 : 일반적으로 '자책성'의 측정치가 낮아야 좋은 평가를 받는다.

③ **기분성(불안도)** … 기분의 굴곡이나 감정적인 면의 미숙함이 어느 정도인지를 측정하는 것이다.

질문	전혀 그렇지 않다	그렇지 않다	그렇다	매우 그렇다
• 다른 사람의 의견에 자신의 결정이 흔들리는 경우가 많다. • 기분이 쉽게 변한다. • 종종 후회한다. • 다른 사람보다 의지가 약한 편이라고 생각한다. • 금방 싫증을 내는 성격이라는 말을 자주 듣는다.				

▶측정결과

㉠ '그렇다'가 많은 경우(감정의 기복이 많은 유형) : 의지력보다 기분에 따라 행동하기 쉽다.

• 면접관의 심리 : '감정적인 것에 약하며, 상황에 따라 생산성이 떨어지지 않을까?'

• 면접대책 : 주변 사람들과 항상 협조한다는 것을 강조하고 한결같은 상태로 일할 수 있다는 평가를 받도록 한다.

㉡ '그렇지 않다'가 많은 경우(감정의 기복이 적은 유형) : 감정의 기복이 없고, 안정적이다.

• 면접관의 심리 : '안정적으로 업무에 임할 수 있다.'

• 면접대책 : 기분성의 측정치가 낮으면 플러스 평가를 받으므로 자신감을 가지고 면접에 임한다.

④ 독자성(개인도) … 주변에 대한 견해나 관심, 자신의 견해나 생각에 어느 정도의 속박감을 가지고 있는 지를 측정한다.

질문	전혀 그렇지 않다	그렇지 않다	그렇다	매우 그렇다
• 창의적 사고방식을 가지고 있다. • 융통성이 없는 편이다. • 혼자 있는 편이 많은 사람과 있는 것보다 편하다. • 개성적이라는 말을 듣는다. • 교제는 번거로운 것이라고 생각하는 경우가 많다.				

▶측정결과

㉠ '그렇다'가 많은 경우 : 자기의 관점을 중요하게 생각하는 유형으로, 주위의 상황보다 자신의 느낌과 생각을 중시한다.
 • 면접관의 심리 : '제멋대로 행동하지 않을까?'
 • 면접대책 : 주위 사람과 협조하여 일을 진행할 수 있다는 것과 상식에 얽매이지 않는다는 인상을 심어준다.

㉡ '그렇지 않다'가 많은 경우 : 상식적으로 행동하고 주변 사람의 시선에 신경을 쓴다.
 • 면접관의 심리 : '다른 직원들과 협조하여 업무를 진행할 수 있겠다.'
 • 면접대책 : 협조성이 요구되는 기업체에서는 플러스 평가를 받을 수 있다.

⑤ **자신감(자존심도)** … 자기 자신에 대해 얼마나 긍정적으로 평가하는지를 측정한다.

질문	전혀 그렇지 않다	그렇지 않다	그렇다	매우 그렇다
• 다른 사람보다 능력이 뛰어나다고 생각한다. • 다소 반대의견이 있어도 나만의 생각으로 행동할 수 있다. • 나는 다른 사람보다 기가 센 편이다. • 동료가 나를 모욕해도 무시할 수 있다. • 대개의 일을 목적한 대로 헤쳐나갈 수 있다고 생각한다.				

▶측정결과

㉠ '그렇다'가 많은 경우 : 자기 능력이나 외모 등에 자신감이 있고, 비판당하는 것을 좋아하지 않는다.
• 면접관의 심리 : '자만하여 지시에 잘 따를 수 있을까?'
• 면접대책 : 다른 사람의 조언을 잘 받아들이고, 겸허하게 반성하는 면이 있다는 것을 보여주고, 동료들과 잘 지내며 리더의 자질이 있다는 것을 강조한다.

㉡ '그렇지 않다'가 많은 경우 : 자신감이 없고 다른 사람의 비판에 약하다.
• 면접관의 심리 : '패기가 부족하지 않을까?', '쉽게 좌절하지 않을까?'
• 면접대책 : 극도의 자신감 부족으로 평가되지는 않는다. 그러나 마음이 약한 면은 있지만 의욕적으로 일을 하겠다는 마음가짐을 보여준다.

⑥ 고양성(분위기에 들뜨는 정도) … 자유분방함, 명랑함과 같이 감정(기분)의 높고 낮음의 정도를 측정한다.

질문	전혀 그렇지 않다	그렇지 않다	그렇다	매우 그렇다
• 침착하지 못한 편이다. • 다른 사람보다 쉽게 우쭐해진다. • 모든 사람이 아는 유명인사가 되고 싶다. • 모임이나 집단에서 분위기를 이끄는 편이다. • 취미 등이 오랫동안 지속되지 않는 편이다.				

▶측정결과

㉠ '그렇다'가 많은 경우 : 자극이나 변화가 있는 일상을 원하고 기분을 들뜨게 하는 사람과 친밀하게 지내는 경향이 강하다.

• 면접관의 심리 : '일을 진행하는 데 변덕스럽지 않을까?'

• 면접대책 : 밝은 태도는 플러스 평가를 받을 수 있지만, 착실한 업무능력이 요구되는 직종에서는 마이너스 평가가 될 수 있다. 따라서 자기조절이 가능하다는 것을 보여준다.

㉡ '그렇지 않다'가 많은 경우 : 감정이 항상 일정하고, 속을 드러내 보이지 않는다.

• 면접관의 심리 : '안정적인 업무 태도를 기대할 수 있겠다.'

• 면접대책 : '고양성'의 낮음은 대체로 플러스 평가를 받을 수 있다. 그러나 '무엇을 생각하고 있는지 모르겠다' 등의 평을 듣지 않도록 주의한다.

⑦ 허위성(진위성) … 필요 이상으로 자기를 좋게 보이려 하거나 기업체가 원하는 '이상형'에 맞춘 대답을 하고 있는지, 없는지를 측정한다.

질문	전혀 그렇지 않다	그렇지 않다	그렇다	매우 그렇다
• 약속을 깨뜨린 적이 한 번도 없다. • 다른 사람을 부럽다고 생각해 본 적이 없다. • 꾸지람을 들은 적이 없다. • 사람을 미워한 적이 없다. • 화를 낸 적이 한 번도 없다.				

▶측정결과

㉠ '그렇다'가 많은 경우 : 실제의 자기와는 다른, 말하자면 원칙으로 해답할 가능성이 있다.
  • 면접관의 심리 : '거짓을 말하고 있다.'
  • 면접대책 : 조금이라도 좋게 보이려고 하는 '거짓말쟁이'로 평가될 수 있다. '거짓을 말하고 있다.'는 마음 따위가 전혀 없다 해도 결과적으로는 정직하게 답하지 않는다는 것이 되어 버린다. '허위성'의 측정 질문은 구분되지 않고 다른 질문 중에 섞여 있다. 그러므로 모든 질문에 솔직하게 답하여야 한다. 또한 자기 자신과 너무 동떨어진 이미지로 답하면 좋은 결과를 얻지 못한다. 그리고 면접에서 '허위성'을 기본으로 한 질문을 받게 되므로 당황하거나 또다른 모순된 답변을 하게 된다. 겉치레를 하거나 무리한 욕심을 부리지 말고 '이런 사회인이 되고 싶다.'는 현재의 자신보다, 조금 성장한 자신을 표현하는 정도가 적당하다.

㉡ '그렇지 않다'가 많은 경우 : 냉정하고 정직하며, 외부의 압력과 스트레스에 강한 유형이다. '대쪽 같음'의 이미지가 굳어지지 않도록 주의한다.

(2) 행동적인 측면

행동적 측면은 인격 중에 특히 행동으로 드러나기 쉬운 측면을 측정한다. 사람의 행동 특징 자체에는 선도 악도 없으나, 일반적으로는 일의 내용에 의해 원하는 행동이 있다. 때문에 행동적 측면은 주로 직종과 깊은 관계가 있는데 자신의 행동 특성을 살려 적합한 직종을 선택한다면 플러스가 될 수 있다.

행동 특성에서 보여 지는 특징은 면접장면에서도 드러나기 쉬운데 본서의 모의 TEST의 결과를 참고하여 자신의 태도, 행동이 면접관의 시선에 어떻게 비치는지를 점검하도록 한다.

① 사회적 내향성 … 대인관계에서 나타나는 행동경향으로 '낯가림'을 측정한다.

질문	선택
A : 파티에서는 사람을 소개받은 편이다. B : 파티에서는 사람을 소개하는 편이다.	
A : 처음 보는 사람과는 어색하게 시간을 보내는 편이다. B : 처음 보는 사람과는 즐거운 시간을 보내는 편이다.	
A : 친구가 적은 편이다. B : 친구가 많은 편이다.	
A : 자신의 의견을 말하는 경우가 적다. B : 자신의 의견을 말하는 경우가 많다.	
A : 사교적인 모임에 참석하는 것을 좋아하지 않는다. B : 사교적인 모임에 항상 참석한다.	

▶측정결과

㉠ 'A'가 많은 경우 : 내성적이고 사람들과 접하는 것에 소극적이다. 자신의 의견을 말하지 않고 조심스러운 편이다.
  • 면접관의 심리 : '소극적인데 동료와 잘 지낼 수 있을까?'
  • 면접대책 : 대인관계를 맺는 것을 싫어하지 않고 의욕적으로 일을 할 수 있다는 것을 보여준다.
㉡ 'B'가 많은 경우 : 사교적이고 자기의 생각을 명확하게 전달할 수 있다.
  • 면접관의 심리 : '사교적이고 활동적인 것은 좋지만, 자기주장이 너무 강하지 않을까?'
  • 면접대책 : 협조성을 보여주고, 자기주장이 너무 강하다는 인상을 주지 않도록 주의한다.

② 내성성(침착도) … 자신의 행동과 일에 대해 침착하게 생각하는 정도를 측정한다.

질문	선택
A : 시간이 걸려도 침착하게 생각하는 경우가 많다. B : 짧은 시간에 결정을 하는 경우가 많다.	
A : 실패의 원인을 찾고 반성하는 편이다. B : 실패를 해도 그다지(별로) 개의치 않는다.	
A : 결론이 도출되어도 몇 번 정도 생각을 바꾼다. B : 결론이 도출되면 신속하게 행동으로 옮긴다.	
A : 여러 가지 생각하는 것이 능숙하다. B : 여러 가지 일을 재빨리 능숙하게 처리하는 데 익숙하다.	
A : 여러 가지 측면에서 사물을 검토한다. B : 행동한 후 생각을 한다.	

▶측정결과

㉠ 'A'가 많은 경우 : 행동하기 보다는 생각하는 것을 좋아하고 신중하게 계획을 세워 실행한다.
- 면접관의 심리 : '행동으로 실천하지 못하고, 대응이 늦은 경향이 있지 않을까?'
- 면접대책 : 발로 뛰는 것을 좋아하고, 일을 더디게 한다는 인상을 주지 않도록 한다.

㉡ 'B'가 많은 경우 : 차분하게 생각하는 것보다 우선 행동하는 유형이다.
- 면접관의 심리 : '생각하는 것을 싫어하고 경솔한 행동을 하지 않을까?'
- 면접대책 : 계획을 세우고 행동할 수 있는 것을 보여주고 '사려깊다'라는 인상을 남기도록 한다.

③ 신체활동성 … 몸을 움직이는 것을 좋아하는가를 측정한다.

질문	선택
A : 민첩하게 활동하는 편이다. B : 준비행동이 없는 편이다.	
A : 일을 척척 해치우는 편이다. B : 일을 더디게 처리하는 편이다.	
A : 활발하다는 말을 듣는다. B : 얌전하다는 말을 듣는다.	
A : 몸을 움직이는 것을 좋아한다. B : 가만히 있는 것을 좋아한다.	
A : 스포츠를 하는 것을 즐긴다. B : 스포츠를 보는 것을 좋아한다.	

▶측정결과

㉠ 'A'가 많은 경우 : 활동적이고, 몸을 움직이게 하는 것이 컨디션이 좋다.
• 면접관의 심리 : '활동적으로 활동력이 좋아 보인다.'
• 면접대책 : 활동하고 얻은 성과 등과 주어진 상황의 대응능력을 보여준다.
㉡ 'B'가 많은 경우 : 침착한 인상으로, 차분하게 있는 타입이다.
• 면접관의 심리 : '좀처럼 행동하려 하지 않아 보이고, 일을 빠르게 처리할 수 있을까?'

④ 지속성(노력성) … 무슨 일이든 포기하지 않고 끈기 있게 하려는 정도를 측정한다.

질문	선택
A : 일단 시작한 일은 시간이 걸려도 끝까지 마무리한다. B : 일을 하다 어려움에 부딪히면 단념한다.	
A : 끈질긴 편이다. B : 바로 단념하는 편이다.	
A : 인내가 강하다는 말을 듣는다. B : 금방 싫증을 낸다는 말을 듣는다.	
A : 집념이 깊은 편이다. B : 담백한 편이다.	
A : 한 가지 일에 구애되는 것이 좋다고 생각한다. B : 간단하게 체념하는 것이 좋다고 생각한다.	

▶측정결과

㉠ 'A'가 많은 경우 : 시작한 것은 어려움이 있어도 포기하지 않고 인내심이 높다.
• 면접관의 심리 : '한 가지의 일에 너무 구애되고, 업무의 진행이 원활할까?'
• 면접대책 : 인내력이 있는 것은 플러스 평가를 받을 수 있지만 집착이 강해 보이기도 한다.

㉡ 'B'가 많은 경우 : 뒤끝이 없고 조그만 실패로 일을 포기하기 쉽다.
• 면접관의 심리 : '질리는 경향이 있고, 일을 정확히 끝낼 수 있을까?'
• 면접대책 : 지속적인 노력으로 성공했던 사례를 준비하도록 한다.

⑤ 신중성(주의성) … 자신이 처한 주변상황을 즉시 파악하고 자신의 행동이 어떤 영향을 미치는지를 측정한다.

질문	선택
A : 여러 가지로 생각하면서 완벽하게 준비하는 편이다. B : 행동할 때부터 임기응변적인 대응을 하는 편이다.	
A : 신중해서 타이밍을 놓치는 편이다. B : 준비 부족으로 실패하는 편이다.	
A : 자신은 어떤 일에도 신중히 대응하는 편이다. B : 순간적인 충동으로 활동하는 편이다.	
A : 시험을 볼 때 끝날 때끼지 재검토하는 편이다. B : 시험을 볼 때 한 번에 모든 것을 마치는 편이다.	
A : 일에 대해 계획표를 만들어 실행한다. B : 일에 대한 계획표 없이 진행한다.	

▶측정결과

㉠ 'A'가 많은 경우 : 주변 상황에 민감하고, 예측하여 계획 있게 일을 진행한다.

• 면접관의 심리 : '너무 신중해서 적절한 판단을 할 수 있을까?', '앞으로의 상황에 불안을 느끼지 않을까?'

• 면접대책 : 예측을 하고 실행을 하는 것은 플러스 평가가 되지만, 너무 신중하면 일의 진행이 정체될 가능성을 보이므로 추진력이 있다는 강한 의욕을 보여준다.

㉡ 'B'가 많은 경우 : 주변 상황을 살펴보지 않고 착실한 계획 없이 일을 진행시킨다.

• 면접관의 심리 : '사려 깊지 않고, 실패하는 일이 많지 않을까?', '판단이 빠르고 유연한 사고를 할 수 있을까?'

• 면접대책 : 사전준비를 중요하게 생각하고 있다는 것 등을 보여주고, 경솔한 인상을 주지 않도록 한다. 또한 판단력이 빠르거나 유연한 사고 덕분에 일 처리를 잘 할 수 있다는 것을 강조한다.

(3) 의욕적인 측면

의욕적인 측면은 의욕의 정도, 활동력의 유무 등을 측정한다. 여기서의 의욕이란 우리들이 보통 말하고 사용하는 '하려는 의지'와는 조금 뉘앙스가 다르다. '하려는 의지'란 그 때의 환경이나 기분에 따라 변화하는 것이지만, 여기에서는 조금 더 변화하기 어려운 특징, 말하자면 정신적 에너지의 양으로 측정하는 것이다.

의욕적 측면은 행동적 측면과는 다르고, 전반적으로 어느 정도 점수가 높은 쪽을 선호한다. 모의검사의 의욕적 측면의 결과가 낮다면, 평소 일에 몰두할 때 조금 의욕 있는 자세를 가지고 서서히 개선하도록 노력해야 한다.

① 달성의욕 … 목적의식을 가지고 높은 이상을 가지고 있는지를 측정한다.

질문	선택
A : 경쟁심이 강한 편이다. B : 경쟁심이 약한 편이다.	
A : 어떤 한 분야에서 제1인자가 되고 싶다고 생각한다. B : 어느 분야에서든 성실하게 임무를 진행하고 싶다고 생각한다.	
A : 규모가 큰 일을 해보고 싶다. B : 맡은 일에 충실히 임하고 싶다.	
A : 아무리 노력해도 실패한 것은 아무런 도움이 되지 않는다. B : 가령 실패했을 지라도 나름대로의 노력이 있었으므로 괜찮다.	
A : 높은 목표를 설정하여 수행하는 것이 의욕적이다. B : 실현 가능한 정도의 목표를 설정하는 것이 의욕적이다.	

▶측정결과

㉠ 'A'가 많은 경우 : 큰 목표와 높은 이상을 가지고 승부욕이 강한 편이다.
- 면접관의 심리 : '열심히 일을 해줄 것 같은 유형이다.'
- 면접대책 : 달성의욕이 높다는 것은 어떤 직종이라도 플러스 평가가 된다.

㉡ 'B'가 많은 경우 : 현재의 생활을 소중하게 여기고 비약적인 발전을 위하여 기를 쓰지 않는다.
- 면접관의 심리 : '외부의 압력에 약하고, 기획입안 등을 하기 어려울 것이다.'
- 면접대책 : 일을 통하여 하고 싶은 것들을 구체적으로 어필한다.

② 활동의욕 … 자신에게 잠재된 에너지의 크기로, 정신적인 측면의 활동력이라 할 수 있다.

질문	선택
A : 하고 싶은 일을 실행으로 옮기는 편이다. B : 하고 싶은 일을 좀처럼 실행할 수 없는 편이다.	
A : 어려운 문제를 해결해 가는 것이 좋다. B : 어려운 문제를 해결하는 것을 잘하지 못한다.	
A : 일반적으로 결단이 빠른 편이다. B : 일반적으로 결단이 느린 편이다.	
A : 곤란한 상황에도 도진하는 편이다. B : 사물의 본질을 깊게 관찰하는 편이다.	
A : 시원시원하다는 말을 잘 듣는다. B : 꼼꼼하다는 말을 잘 듣는다.	

▶측정결과

㉠ 'A'가 많은 경우 : 꾸물거리는 것을 싫어하고 재빠르게 결단해서 행동하는 타입이다.
- 면접관의 심리 : '일을 처리하는 솜씨가 좋고, 일을 척척 진행할 수 있을 것 같다.'
- 면접대책 : 활동의욕이 높은 것은 플러스 평가가 된다. 사교성이나 활동성이 강하다는 인상을 준다.

㉡ 'B'가 많은 경우 : 안전하고 확실한 방법을 모색하고 차분하게 시간을 아껴서 일에 임하는 타입이다.
- 면접관의 심리 : '재빨리 행동을 못하고, 일의 처리속도가 느린 것이 아닐까?'
- 면접대책 : 활동성이 있는 것을 좋아하고 움직임이 더디다는 인상을 주지 않도록 한다.

3 성격의 유형

(1) 인성검사유형의 4가지 척도

정서적인 측면, 행동적인 측면, 의욕적인 측면의 요소들은 성격 특성이라는 관점에서 제시된 것들로 각 개인의 장·단점을 파악하는 데 유용하다. 그러나 전체적인 개인의 인성을 이해하는 데는 한계가 있다.

성격의 유형은 개인의 '성격적인 특색'을 가리키는 것으로, 사회인으로서 적합한지, 아닌지를 말하는 관점과는 관계가 없다. 따라서 채용의 합격 여부에는 사용되지 않는 경우가 많으며, 입사 후의 적정 부서 배치의 자료가 되는 편이라 생각하면 된다. 그러나 채용과 관계가 없다고 해서 아무런 준비도 필요없는 것은 아니다. 자신을 아는 것은 면접 대책의 밑거름이 되므로 모의검사 결과를 충분히 활용하도록 하여야 한다.

본서에서는 4개의 척도를 사용하여 기본적으로 16개의 패턴으로 성격의 유형을 분류하고 있다. 각 개인의 성격이 어떤 유형인지 재빨리 파악하기 위해 사용되며, '적성'에 맞는지, 맞지 않는지의 관점에 활용된다.

- 흥미·관심의 방향 : 내향형 ←————→ 외향형
- 사물에 대한 견해 : 직관형 ←————→ 감각형
- 판단하는 방법 : 감정형 ←————→ 사고형
- 환경에 대한 접근방법 : 지각형 ←————→ 판단형

(2) 성격유형

① **흥미·관심의 방향(내향⇆외향)** … 흥미·관심의 방향이 자신의 내면에 있는지, 주위환경 등 외면에 향하는 지를 가리키는 척도이다.

질문	선택
A : 내성적인 성격인 편이다. B : 개방적인 성격인 편이다.	
A : 항상 신중하게 생각을 하는 편이다. B : 바로 행동에 착수하는 편이다.	
A : 수수하고 조심스러운 편이다. B : 자기 표현력이 강한 편이다.	
A : 다른 사람과 함께 있으면 침착하지 않다. B : 혼자서 있으면 침착하지 않다.	

▶측정결과
㉠ **'A'가 많은 경우(내향)** : 관심의 방향이 자기 내면에 있으며, 조용하고 낯을 가리는 유형이다. 행동력은 부족하나 집중력이 뛰어나고 신중하고 꼼꼼하다.
㉡ **'B'가 많은 경우(외향)** : 관심의 방향이 외부환경에 있으며, 사교적이고 활동적인 유형이다. 꼼꼼함이 부족하여 대충하는 경향이 있으나 행동력이 있다.

② 일(사물)을 보는 방법(직감⟷감각) ··· 일(사물)을 보는 법이 직감적으로 형식에 얽매이는지, 감각적으로 상식적인지를 가리키는 척도이다.

질문	선택
A : 현실주의적인 편이다. B : 상상력이 풍부한 편이다.	
A : 정형적인 방법으로 일을 처리하는 것을 좋아한다. B : 만들어진 방법에 변화가 있는 것을 좋아한다.	
A : 경험에서 가장 적합한 방법으로 선택한다. B : 지금까지 없었던 새로운 방법을 개척하는 것을 좋아한다.	
A : 성실하다는 말을 듣는다. B : 호기심이 강하다는 말을 듣는다.	

▶측정결과
㉠ 'A'가 많은 경우(감각) : 현실적이고 경험주의적이며 보수적인 유형이다.
㉡ 'B'가 많은 경우(직관) : 새로운 주제를 좋아하며, 독자적인 시각을 가진 유형이다.

③ 판단하는 방법(감정⟷사고) ··· 일을 감정적으로 판단하는지, 논리적으로 판단하는지를 가리키는 척도이다.

질문	선택
A : 인간관계를 중시하는 편이다. B : 일의 내용을 중시하는 편이다.	
A : 결론을 자기의 신념과 감정에서 이끌어내는 편이다. B : 결론을 논리적 사고에 의거하여 내리는 편이다.	
A : 다른 사람보다 동정적이고 눈물이 많은 편이다. B : 다른 사람보다 이성적이고 냉정하게 대응하는 편이다.	
A : 남의 이야기를 듣고 감정몰입이 빠른 편이다. B : 고민 상담을 받으면 해결책을 제시해주는 편이다.	

▶측정결과
㉠ 'A'가 많은 경우(감정) : 일을 판단할 때 마음·감정을 중요하게 여기는 유형이다. 감정이 풍부하고 친절하나 엄격함이 부족하고 우유부단하며, 합리성이 부족하다.
㉡ 'B'가 많은 경우(사고) : 일을 판단할 때 논리성을 중요하게 여기는 유형이다. 이성적이고 합리적이나 타인에 대한 배려가 부족하다.

④ **환경에 대한 접근방법** … 주변상황에 어떻게 접근하는지, 그 판단기준을 어디에 두는지를 측정한다.

질문	선택
A : 사전에 계획을 세우지 않고 행동한다. B : 반드시 계획을 세우고 그것에 의거해서 행동한다.	
A : 자유롭게 행동하는 것을 좋아한다. B : 조직적으로 행동하는 것을 좋아한다.	
A : 조직성이나 관습에 속박당하지 않는다. B : 조직성이나 관습을 중요하게 여긴다.	
A : 계획 없이 낭비가 심한 편이다. B : 예산을 세워 물건을 구입하는 편이다.	

▶측정결과

㉠ 'A'가 많은 경우(지각) : 일의 변화에 융통성을 가지고 유연하게 대응하는 유형이다. 낙관적이며 질서보다는 자유를 좋아하나 임기응변식의 대응으로 무계획적인 인상을 줄 수 있다.

㉡ 'B'가 많은 경우(판단) : 일의 진행시 계획을 세워서 실행하는 유형이다. 순차적으로 진행하는 일을 좋아하고 끈기가 있으나 변화에 대해 적절하게 대응하지 못하는 경향이 있다.

4 인성검사의 대책

(1) 미리 알아두어야 할 점

① 출제 문항 수 … 인성검사의 출제 문항 수는 특별히 정해진 것이 아니며 각 기업체의 기준에 따라 달라질 수 있다. 보통 100문항 이상에서 500문항까지 출제된다고 예상하면 된다.

② 출제형식

ㄱ 1Set로 묶인 세 개의 문항 중 자신에게 가장 가까운 것(Most)과 가장 먼 것(Least)을 하나씩 고르는 유형 (72Set, 1Set낭 3문항)

다음 세 가지 문항 중 자신에게 가장 가까운 것은 Most, 가장 먼 것은 Least에 체크하시오.

질문	Most	Least
① 자신의 생각이나 의견은 좀처럼 변하지 않는다.	✔	
② 구입한 후 끝까지 읽지 않은 책이 많다.		✔
③ 여행가기 전에 계획을 세운다.		

ㄴ '예' 아니면 '아니오'의 유형(178문항)

다음 문항을 읽고 자신에게 해당되는지 안 되는지를 판단하여 해당될 경우 '예'를, 해당되지 않을 경우 '아니오'를 고르시오.

질문	예	아니오
① 걱정거리가 있어서 잠을 못 잘 때가 있다.	✔	
② 시간에 쫓기는 것이 싫다.		✔

ㄷ 그 외의 유형

다음 문항에 대해서 평소에 자신이 생각하고 있는 것이나 행동하고 있는 것에 체크하시오.

질문	전혀 그렇지 않다	그렇지 않다	그렇다	매우 그렇다
① 머리를 쓰는 것보다 땀을 흘리는 일이 좋다.			✔	
② 자신은 사교적이 아니라고 생각한다.	✔			

(2) 임하는 자세

① **솔직하게 있는 그대로 표현한다** … 인성검사는 평범한 일상생활 내용들을 다룬 짧은 문장과 어떤 대상이나 일에 대한 선로를 선택하는 문장으로 구성되었으므로 평소에 자신이 생각한 바를 너무 골똘히 생각하지 말고 문제를 보는 순간 떠오른 것을 표현한다.

② **모든 문제를 신속하게 대답한다** … 인성검사는 시간 제한이 없는 것이 원칙이지만 기업체들은 일정한 시간 제한을 두고 있다. 인성검사는 개인의 성격과 자질을 알아보기 위한 검사이기 때문에 정답이 없다. 다만, 기업체에서 바람직하게 생각하거나 기대되는 결과가 있을 뿐이다. 따라서 시간에 쫓겨서 대충 대답을 하는 것은 바람직하지 못하다.

③ **일관성 있게 대답한다** … 간혹 반복되는 문제들이 출제되기 때문에 일관성 있게 답하지 않으면 감점될 수 있으므로 유의한다. 실제로 공기업 인사부 직원의 인터뷰에 따르면 일관성이 없게 대답한 응시자들이 감점을 받아 탈락했다고 한다. 거짓된 응답을 하다보면 일관성 없는 결과가 나타날 수 있으므로, 위에서 언급한 대로 신속하고 솔직하게 답해 일관성 있는 응답을 하는 것이 중요하다.

④ **마지막까지 집중해서 검사에 임한다** … 장시간 진행되는 검사에 지치지 않고 마지막까지 집중해서 정확히 답할 수 있도록 해야 한다.

실전 인성검사

※ 실제 시험은 총 340문항으로 약 50분간 치러집니다.

▎1~68▎ 다음 질문에 대해서 평소 자신이 생각하고 있는 것이나 행동하고 있는 것에 대해 박스에 주어진 응답 요령에 따라 답하시오.

> **응답요령**
> • 응답 Ⅰ : 제시된 문항들을 읽은 다음 각각의 문항에 대해 자신이 동의하는 정도를 ①(전혀 그렇지 않다)~⑤(매우 그렇다)으로 표시하면 된다.
> • 응답 Ⅱ : 제시된 문항들을 비교하여 상대적으로 자신의 성격과 가장 가까운 문항(Most) 하나와 가장 거리가 먼 문항(Least) 하나를 선택하여야 한다(응답 Ⅱ의 응답은 Most 1개, Least 1개, 무응답 2개이어야 한다).

1

문항예시	응답 Ⅰ					응답 Ⅱ	
	①	②	③	④	⑤	Most	Least
A. 모임에서 리더에 어울리지 않는다고 생각한다.							
B. 착실한 노력으로 성공한 이야기를 좋아한다.							
C. 어떠한 일에도 의욕적으로 임하는 편이다.							
D. 학급에서는 존재가 두드러졌다.							

2

문항예시	응답 Ⅰ					응답 Ⅱ	
	①	②	③	④	⑤	Most	Least
A. 아무것도 생각하지 않을 때가 많다.							
B. 스포츠는 하는 것보다는 보는 것이 좋다.							
C. 게으른 편이라고 생각한다.							
D. 비가 오지 않으면 우산을 가지고 가지 않는다.							

3

문항예시	응답 I					응답 II	
	①	②	③	④	⑤	Most	Least
A. 1인자보다는 조력자의 역할을 좋아한다.							
B. 의리를 지키는 타입이다.							
C. 리드를 하는 편이다.							
D. 신중함이 부족해서 후회한 적이 많다.							

4

문항예시	응답 I					응답 II	
	①	②	③	④	⑤	Most	Least
A. 모든 일을 여유 있게 대비하는 타입이다.							
B. 업무가 진행 중이라도 야근은 하지 않는다.							
C. 타인에게 방문하는 경우 상대방이 부재중인 때가 많다.							
D. 노력하는 과정이 중요하고 결과는 중요하지 않다.							

5

문항예시	응답 I					응답 II	
	①	②	③	④	⑤	Most	Least
A. 무리해서 행동하지 않는다.							
B. 유행에 민감한 편이다.							
C. 정해진 대로 움직이는 것이 안심이 된다.							
D. 현실을 직시하는 편이다.							

6

문항예시	응답 I					응답 II	
	①	②	③	④	⑤	Most	Least
A. 자유보다는 질서를 중요시 한다.							
B. 잡담하는 것을 좋아한다.							
C. 경험에 비추어 판단하는 편이다.							
D. 영화나 드라마는 각본의 완성도나 화면구성에 주목한다.							

7

문항예시	응답 I					응답 II	
	①	②	③	④	⑤	Most	Least
A. 타인의 일에는 별로 관심이 없다.							
B. 다른 사람의 소문에 관심이 많다.							
C. 실용적인 일을 할 때가 많다.							
D. 정이 많은 편이다.							

8

문항예시	응답 I					응답 II	
	①	②	③	④	⑤	Most	Least
A. 협동은 중요하다고 생각한다.							
B. 친구의 휴대폰 번호는 모두 외운다.							
C. 정해진 틀은 깨라고 있는 것이다.							
D. 이성적인 사람이고 싶다.							

9

문항예시	응답 I					응답 II	
	①	②	③	④	⑤	Most	Least
A. 환경은 변하지 않는 것이 좋다고 생각한다.							
B. 성격이 밝다.							
C. 반성하는 편이 아니다.							
D. 활동범위가 좁은 편이다.							

10

문항예시	응답 I					응답 II	
	①	②	③	④	⑤	Most	Least
A. 시원시원한 성격을 가진 사람이다.							
B. 좋다고 생각하면 바로 행동한다.							
C. 좋은 사람으로 기억되고 싶다.							
D. 한 번에 많은 일을 떠맡는 것은 골칫거리이다.							

11

문항예시	응답 I					응답 II	
	①	②	③	④	⑤	Most	Least
A. 사람과 만날 약속은 늘 즐겁다.							
B. 질문을 받으면 그때의 느낌으로 대답한다.							
C. 땀을 흘리는 것보다 머리를 쓰는 일이 좋다.							
D. 이미 결정된 것이라면 다시 생각하지 않는다.							

12

문항예시	응답 I					응답 II	
	①	②	③	④	⑤	Most	Least
A. 외출 시 문을 잠갔는지 몇 번씩 확인한다.							
B. 지위가 사람을 만든다고 생각한다.							
C. 안전책을 고르는 타입이다.							
D. 사교적인 사람이다.							

13

문항예시	응답 I					응답 II	
	①	②	③	④	⑤	Most	Least
A. 사람은 도리를 지키는 것이 당연하다고 생각한다.							
B. 착하다는 소릴 자주 듣는다.							
C. 단념을 하는 것도 중요하다고 생각한다.							
D. 누구도 예상치 못한 일을 하고 싶다.							

14

문항예시	응답 I					응답 II	
	①	②	③	④	⑤	Most	Least
A. 평범하고 평온하게 행복한 인생을 살고 싶다.							
B. 움직이는 일을 좋아하지 않는다.							
C. 소극적인 사람이라고 생각한다.							
D. 이것저것 평가하는 것이 싫다.							

15

문항예시	응답 I					응답 II	
	①	②	③	④	⑤	Most	Least
A. 성격이 급하다.							
B. 꾸준히 노력하는 것을 잘 못한다.							
C. 내일의 계획은 미리 세운다.							
D. 혼자 일을 하는 것이 편하다.							

16

문항예시	응답 I					응답 II	
	①	②	③	④	⑤	Most	Least
A. 열정적인 사람이라고 생각하지 않는다.							
B. 다른 사람 앞에서 이야기를 잘한다.							
C. 행동력이 강한 사람이다.							
D. 엉덩이가 무거운 편이다.							

17

문항예시	응답 I					응답 II	
	①	②	③	④	⑤	Most	Least
A. 특별히 구애받는 것이 없다.							
B. 돌다리는 두들겨 보고 건너는 편이다.							
C. 나에게는 권력욕이 없는 것 같다.							
D. 업무를 할당받으면 부담스럽다.							

18

문항예시	응답 I					응답 II	
	①	②	③	④	⑤	Most	Least
A. 보수적인 편이다.							
B. 계산적인 사람이다.							
C. 규칙을 잘 지키는 타입이다.							
D. 무기력함을 많이 느낀다.							

19

문항예시	응답 I					응답 II	
	①	②	③	④	⑤	Most	Least
A. 사람을 사귀는 범위가 넓다.							
B. 상식적인 판단을 할 수 있는 편이라고 생각한다.							
C. 너무 객관적이어서 실패한 적이 많다.							
D. 보수보다는 진보라고 생각한다.							

20

문항예시	응답 I					응답 II	
	①	②	③	④	⑤	Most	Least
A. 내가 좋아하는 사람은 주변사람들이 모두 안다.							
B. 가능성보다 현실을 중요시한다.							
C. 상대에게 꼭 필요한 선물을 잘 알고 있다.							
D. 여행은 계획을 세워서 추진하는 편이다.							

21

문항예시	응답 I					응답 II	
	①	②	③	④	⑤	Most	Least
A. 무슨 일이든 구체적으로 파고드는 편이다.							
B. 일을 할 때는 착실한 편이다.							
C. 괴로워하는 사람을 보면 우선 이유부터 묻는다.							
D. 가치 기준이 확고하다.							

22

문항예시	응답 I					응답 II	
	①	②	③	④	⑤	Most	Least
A. 밝고 개방적인 편이다.							
B. 현실직시를 잘 하는 편이다.							
C. 공평하고 공정한 상사를 만나고 싶다.							
D. 시시해도 계획적인 인생이 좋다.							

23

문항예시	응답 I					응답 II	
	①	②	③	④	⑤	Most	Least
A. 분석력이 뛰어나다.							
B. 논리적인 편이다.							
C. 사물에 대해 가볍게 생각하는 경향이 강하다.							
D. 계획을 세워도 지키지 못한 경우가 많다.							

24

문항예시	응답 I					응답 II	
	①	②	③	④	⑤	Most	Least
A. 생각했다고 해서 반드시 행동으로 옮기지 않는다.							
B. 목표 달성에 별로 구애받지 않는다.							
C. 경쟁하는 것을 즐기는 편이다.							
D. 정해진 친구만 만나는 편이다.							

25

문항예시	응답 I					응답 II	
	①	②	③	④	⑤	Most	Least
A. 활발한 성격이라는 소릴 자주 듣는다.							
B. 기회를 놓치는 경우가 많다.							
C. 학창시절 체육수업을 싫어했다.							
D. 과정보다 결과를 중요시한다.							

26

문항예시	응답 I					응답 II	
	①	②	③	④	⑤	Most	Least
A. 내 능력 밖의 일은 하고 싶지 않다.							
B. 새로운 사람을 만나는 것은 두렵다.							
C. 차분하고 사려가 깊은 편이다.							
D. 주변의 일에 나서는 편이다.							

27

문항예시	응답 I					응답 II	
	①	②	③	④	⑤	Most	Least
A. 글을 쓸 때에는 미리 구상을 하고 나서 쓴다.							
B. 여러 가지 일을 경험하고 싶다.							
C. 스트레스를 해소하기 위해 집에서 조용히 지낸다.							
D. 기한 내에 일을 마무리 짓지 못한 적이 많다.							

28

문항예시	응답 I					응답 II	
	①	②	③	④	⑤	Most	Least
A. 무리한 도전은 할 필요가 없다고 생각한다.							
B. 남의 앞에 나서는 것을 좋아하지 않는다.							
C. 납득이 안 되면 행동이 안 된다.							
D. 약속시간에 여유 있게 도착하는 편이다.							

29

문항예시	응답 I					응답 II	
	①	②	③	④	⑤	Most	Least
A. 매사 유연하게 대처하는 편이다.							
B. 휴일에는 집에 있는 것이 좋다.							
C. 위험을 무릅쓰고 까지 성공하고 싶지는 않다.							
D. 누군가가 도와주기를 하며 기다린 적이 많다.							

30

문항예시	응답 I					응답 II	
	①	②	③	④	⑤	Most	Least
A. 친구가 적은 편이다.							
B. 결론이 나도 여러 번 다시 생각하는 편이다.							
C. 미래가 걱정이 되어 잠을 설친 적이 있다.							
D. 같은 일을 반복하는 것은 지겹다.							

31

문항예시	응답 I					응답 II	
	①	②	③	④	⑤	Most	Least
A. 움직이지 않고 생각만 하는 것이 좋다.							
B. 하루종일 잠만 잘 수 있다.							
C. 오늘 하지 않아도 되는 일은 하지 않는다.							
D. 목숨을 걸 수 있는 친구가 있다.							

32

문항예시	응답 I					응답 II	
	①	②	③	④	⑤	Most	Least
A. 체험을 중요하게 생각한다.							
B. 도리를 지키는 사람이 좋다.							
C. 갑작스런 상황에 부딪혀도 유연하게 대처한다.							
D. 쉬는 날은 반드시 외출해야 한다.							

33

문항예시	응답 I					응답 II	
	①	②	③	④	⑤	Most	Least
A. 쇼핑을 좋아하는 편이다.							
B. 불필요한 물건을 마구 사드리는 편이다.							
C. 이성적인 사람을 보면 동경의 대상이 된다.							
D. 초면인 사람과는 대화를 잘 하지 못한다.							

34

문항예시	응답 I					응답 II	
	①	②	③	④	⑤	Most	Least
A. 재미있는 일을 추구하는 편이다.							
B. 어려움에 처한 사람을 보면 도와주어야 한다.							
C. 돈이 없으면 외출을 하지 않는다.							
D. 한 가지 일에 몰두하는 타입이다.							

35

문항예시	응답 I					응답 II	
	①	②	③	④	⑤	Most	Least
A. 손재주가 뛰어난 편이다.							
B. 규칙을 벗어나는 일은 하고 싶지 않다.							
C. 위험을 무릅쓰고 도전하고 싶은 일이 있다.							
D. 남의 주목을 받는 것을 즐긴다.							

36

문항예시	응답 I					응답 II	
	①	②	③	④	⑤	Most	Least
A. 조금이라도 나쁜 소식을 들으면 절망에 빠진다.							
B. 다수결의 의견에 따르는 편이다.							
C. 혼자 식당에서 밥을 먹는 일은 어렵지 않다.							
D. 하루하루 걱정이 늘어가는 타입이다.							

37

문항예시	응답 I					응답 II	
	①	②	③	④	⑤	Most	Least
A. 승부근성이 매우 강하다.							
B. 흥분을 자주하며 흥분하면 목소리가 커진다.							
C. 지금까지 한 번도 타인에게 폐를 끼친 적이 없다.							
D. 남의 험담을 해 본 적이 없다.							

38

문항예시	응답 I					응답 II	
	①	②	③	④	⑤	Most	Least
A. 남들이 내 험담을 할까봐 걱정된다.							
B. 내 자신을 책망하는 경우가 많다.							
C. 변덕스런 사람이라는 소릴 자주 듣는다.							
D. 자존심이 강한 편이다.							

39

문항예시	응답 I					응답 II	
	①	②	③	④	⑤	Most	Least
A. 고독을 즐기는 편이다.							
B. 착한 거짓말은 필요하다고 생각한다.							
C. 신경질적인 날이 많다.							
D. 고민이 생기면 혼자서 끙끙 앓는 편이다.							

40

문항예시	응답 I					응답 II	
	①	②	③	④	⑤	Most	Least
A. 나를 싫어하는 사람은 없다.							
B. 과감하게 행동하는 편이다.							
C. 쓸데없이 고생을 사서 할 필요는 없다.							
D. 기계를 잘 다루는 편이다.							

41

문항예시	응답 I					응답 II	
	①	②	③	④	⑤	Most	Least
A. 문제점을 해결하기 위해 많은 사람과 상의하는 편이다.							
B. 내 방식대로 일을 처리하는 편이다.							
C. 영화를 보면서 눈물을 흘린 적이 많다.							
D. 타인에게 화를 낸 적이 없다.							

42

문항예시	응답 I					응답 II	
	①	②	③	④	⑤	Most	Least
A. 타인의 사소한 충고에도 걱정을 많이 한다.							
B. 타인에게 도움이 안 되는 사람이라고 생각한다.							
C. 싫증을 잘 내는 편이다.							
D. 개성이 강하는 소릴 자주 듣는다.							

43

문항예시	응답 I					응답 II	
	①	②	③	④	⑤	Most	Least
A. 주장이 강한 편이다.							
B. 고집이 센 사람을 보면 짜증이 난다.							
C. 예의 없는 사람하고는 말을 섞지 않는다.							
D. 학창시절 결석을 한 적이 한 번도 없다.							

44

문항예시	응답 I					응답 II	
	①	②	③	④	⑤	Most	Least
A. 잘 안 되는 일도 될 때까지 계속 추진하는 편이다.							
B. 남에 대한 배려심이 강하다.							
C. 끈기가 약하다.							
D. 인생의 목표는 클수록 좋다고 생각한다.							

45

문항예시	응답 I					응답 II	
	①	②	③	④	⑤	Most	Least
A. 무슨 일이든 바로 시작하는 타입이다.							
B. 복잡한 문제가 발생하면 포기하는 편이다.							
C. 생각하고 행동하는 편이다.							
D. 야망이 있는 사람이라고 생각한다.							

46

문항예시	응답 I					응답 II	
	①	②	③	④	⑤	Most	Least
A. 비판적인 성향이 강하다.							
B. 감수성이 풍부한 편이다.							
C. 남을 비판할 때는 무섭게 비판한다.							
D. 하나의 취미에 열중하는 편이다.							

47

문항예시	응답 I					응답 II	
	①	②	③	④	⑤	Most	Least
A. 성격이 매우 급하다.							
B. 입신출세의 이야기를 좋아한다.							
C. 잘하는 스포츠가 하나 이상은 있다.							
D. 다룰 수 있는 악기가 하나 이상은 있다.							

48

문항예시	응답 I					응답 II	
	①	②	③	④	⑤	Most	Least
A. 흐린 날은 반드시 우산을 챙긴다.							
B. 즉흥적으로 결정하는 경우가 많다.							
C. 공격적인 타입이다.							
D. 남에게 리드를 받으면 기분이 상한다.							

49

문항예시	응답 I					응답 II	
	①	②	③	④	⑤	Most	Least
A. 누군가를 방문할 때는 사전에 반드시 확인을 한다.							
B. 노력해도 결과가 따르지 않으면 의미가 없다.							
C. 유행에 크게 신경을 쓰지 않는다.							
D. 질서보다는 자유를 중요시 한다.							

50

문항예시	응답 I					응답 II	
	①	②	③	④	⑤	Most	Least
A. 영화나 드라마를 보면 주인공의 감정에 이입된다.							
B. 가십거리를 좋아한다.							
C. 창조적인 일을 하고 싶다.							
D. 눈물이 많은 편이다.							

51

문항예시	응답 I					응답 II	
	①	②	③	④	⑤	Most	Least
A. 융통성이 없다는 소릴 듣는다.							
B. 정이 두터운 사람이 되고 싶다.							
C. 변화를 추구하는 타입이다.							
D. 사회는 인간관계가 중요하다고 생각한다.							

52

문항예시	응답 I					응답 II	
	①	②	③	④	⑤	Most	Least
A. 환경이 변하면 불안감이 커진다.							
B. 의사결정을 신속하게 하는 편이다.							
C. 의지박약이다.							
D. 사람을 설득하는 일은 별로 어렵지 않다.							

53

문항예시	응답 I					응답 II	
	①	②	③	④	⑤	Most	Least
A. 타인에게 어떻게 보일지 신경을 많이 쓴다.							
B. 타인과 언쟁을 할 때 그 사람의 약점을 잘 잡는다.							
C. 타인에게 의존하는 경향이 강하다.							
D. 내 의견에 간섭하는 것은 싫다.							

54

문항예시	응답 I					응답 II	
	①	②	③	④	⑤	Most	Least
A. 낙천적인 편이다.							
B. 시간 약속을 어기는 것을 매우 싫어한다.							
C. 상냥한 편이다.							
D. 유치한 사람이란 소릴 들은 적이 있다.							

55

문항예시	응답 I					응답 II	
	①	②	③	④	⑤	Most	Least
A. 잡담을 하는 것이 책을 읽는 것보다 낫다.							
B. 나는 영업직에 적합한 타입이라 생각한다.							
C. 술자리에서 술을 마시지 않아도 흥을 돋을 수 있다.							
D. 금새 무기력해지는 편이다.							

56

문항예시	응답 I					응답 II	
	①	②	③	④	⑤	Most	Least
A. 고분고분한 타입의 사람이 좋다.							
B. 독자적으로 행동하는 것을 즐긴다.							
C. 매사 적극적으로 행동하는 편이다.							
D. 감격을 잘한다.							

57

문항예시	응답 Ⅰ					응답 Ⅱ	
	①	②	③	④	⑤	Most	Least
A. 어떠한 일에도 불만을 가져본 적이 없다.							
B. 높은 이상을 추구한다.							
C. 후회를 자주하는 편이다.							
D. 나만의 세계를 가지고 있다.							

58

문항예시	응답 Ⅰ					응답 Ⅱ	
	①	②	③	④	⑤	Most	Least
A. 많은 사람들 앞에 서도 긴장하지 않는다.							
B. 무언가에 얽매이는 것이 싫다.							
C. 질문을 받으면 한참을 생각하고 대답하는 편이다.							
D. 여행은 즉흥적인 것이 좋다.							

59

문항예시	응답 Ⅰ					응답 Ⅱ	
	①	②	③	④	⑤	Most	Least
A. 모든 일에 일등이 되고 싶다.							
B. 목표를 이루기 위해 범죄라도 저지를 수 있다.							
C. 건강관리에 노력하는 편이다.							
D. 예상치 못한 행동으로 주위 사람들을 자주 놀라게 한다.							

60

문항예시	응답 I					응답 II	
	①	②	③	④	⑤	Most	Least
A. 파란만장한 삶을 살아 왔다.							
B. 다른 사람의 행동을 주의 깊게 관찰하는 편이다.							
C. 메모를 하는 습관이 있다.							
D. 예언을 믿는 편이다.							

61

문항예시	응답 I					응답 II	
	①	②	③	④	⑤	Most	Least
A. 좋고 싫음의 표현이 명확하다.							
B. 주도면밀한 모습을 가지고 있다.							
C. 마음만 담겨 있으면 어떤 선물이건 좋다.							
D. 당장 돈을 빌릴 친구가 5명 이상은 된다.							

62

문항예시	응답 I					응답 II	
	①	②	③	④	⑤	Most	Least
A. 가치기준이 자주 변한다.							
B. 기발한 아이디어를 많이 생각해 낸다.							
C. 욕심이 과도하게 많다.							
D. 생각 없이 함부로 말하는 편이다.							

63

문항예시	응답 I					응답 II	
	①	②	③	④	⑤	Most	Least
A. 정리가 되지 않은 방에 있으면 불안하다.							
B. 나는 충분히 신뢰할 수 있는 사람이다.							
C. 노래방에서 노래 부르는 것을 좋아한다.							
D. 나는 특별한 능력을 가지고 있다.							

64

문항예시	응답 I					응답 II	
	①	②	③	④	⑤	Most	Least
A. 책상 위나 서랍 속은 항상 정리되어 있다.							
B. 건성으로 대답한 적이 많다.							
C. 쉽게 화를 낸다는 소릴 듣는다.							
D. 초조하면 손을 떨고 심장박동이 빨라진다.							

65

문항예시	응답 I					응답 II	
	①	②	③	④	⑤	Most	Least
A. 언쟁을 하여 한 번도 진 적이 없다.							
B. 예술분야에 관심이 많은 편이다.							
C. 독자적인 것보다 협력하는 일을 좋아한다.							
D. 지금까지 매일매일 일기를 쓴다.							

66

문항예시	응답 Ⅰ					응답 Ⅱ	
	①	②	③	④	⑤	Most	Least
A. 타인을 재미있게 해주는 것을 즐긴다.							
B. 상황판단이 매우 빠른 편이다.							
C. 사후세계가 존재한다고 믿는다.							
D. 어떠한 일도 헤쳐 나갈 자신이 있다.							

67

문항예시	응답 Ⅰ					응답 Ⅱ	
	①	②	③	④	⑤	Most	Least
A. 모든 면에서 타인보다 뛰어난 사람이라고 생각한다.							
B. 강박증이 있는 것 같다.							
C. 새로운 환경에도 빠르게 적응하는 편이다.							
D. 규칙을 잘 지키는 편이다.							

68

문항예시	응답 Ⅰ					응답 Ⅱ	
	①	②	③	④	⑤	Most	Least
A. 말을 하는 것보다 듣는 편이다.							
B. 남을 먼저 배려하는 습관이 있다.							
C. 나만의 스트레스 해소법을 가지고 있다.							
D. 주변 사람들의 말에 절대 흔들리지 않는다.							

PART

04

면접

CHAPTER

01 면접의 기본

1 면접준비

(1) 면접의 기본 원칙

① **면접의 의미** ⋯ 면접이란 다양한 면접기법을 활용하여 지원한 직무에 필요한 능력을 지원자가 보유하고 있는지를 확인하는 절차라고 할 수 있다. 즉, 지원자의 입장에서는 채용 직무수행에 필요한 요건들과 관련하여 자신의 환경, 경험, 관심사, 성취 등에 대해 기업에 직접 어필할 수 있는 기회를 제공받는 것이며, 기업의 입장에서는 서류전형만으로 알 수 없는 지원자에 대한 정보를 직접적으로 수집하고 평가하는 것이다.

② **면접의 특징** ⋯ 면접은 기업의 입장에서 서류전형이나 필기전형에서 드러나지 않는 지원자의 능력이나 성향을 볼 수 있는 기회로, 면대면으로 이루어지며 즉흥적인 질문들이 포함될 수 있기 때문에 지원자가 완벽하게 준비하기 어려운 부분이 있다. 하지만 지원자 입장에서도 서류전형이나 필기전형에서 모두 보여주지 못한 자신의 능력 등을 기업의 인사담당자에게 어필할 수 있는 추가적인 기회가 될 수도 있다.

[서류 · 필기전형과 차별화되는 면접의 특징]

> • 직무수행과 관련된 다양한 지원자 행동에 대한 관찰이 가능하다.
> • 면접관이 알고자 하는 정보를 심층적으로 파악할 수 있다.
> • 서류상의 미비한 사항과 의심스러운 부분을 확인할 수 있다.
> • 커뮤니케이션 능력, 대인관계 능력 등 행동 · 언어적 정보도 얻을 수 있다.

③ 면접의 유형

　　㉠ **구조화 면접** : 구조화 면접은 사전에 계획을 세워 질문의 내용과 방법, 지원자의 답변 유형에 따른 추가 질문과 그에 대한 평가 역량이 정해져 있는 면접 방식으로 표준화 면접이라고도 한다.

　　　• 표준화된 질문이나 평가요소가 면접 전 확정되며, 지원자는 편성된 조나 면접관에 영향을 받지 않고 동일한 질문과 시간을 부여받을 수 있다.

　　　• 조직 또는 직무별로 주요하게 도출된 역량을 기반으로 평가요소가 구성되어, 조직 또는 직무에서 필요한 역량을 가진 지원자를 선발할 수 있다.

　　　• 표준화된 형식을 사용하는 특성 때문에 비구조화 면접에 비해 신뢰성과 타당성, 객관성이 높다.

　　㉡ **비구조화 면접** : 비구조화 면접은 면접 계획을 세울 때 면접 목적만을 명시하고 내용이나 방법은 면접관에게 전적으로 일임하는 방식으로 비표준화 면접이라고도 한다.

　　　• 표준화된 질문이나 평가요소 없이 면접이 진행되며, 편성된 조나 면접관에 따라 지원자에게 주어지는 질문이나 시간이 다르다.

　　　• 면접관의 주관적인 판단에 따라 평가가 이루어져 평가 오류가 빈번히 일어난다.

　　　• 상황 대처나 언변이 뛰어난 지원자에게 유리한 면접이 될 수 있다.

④ 경쟁력 있는 면접 요령

　　㉠ 면접 전에 준비하고 유념할 사항

　　　• 예상 질문과 답변을 미리 작성한다.

　　　• 작성한 내용을 문장으로 외우지 않고 키워드로 기억한다.

　　　• 지원한 회사의 최근 기사를 검색하여 기억한다.

　　　• 지원한 회사가 속한 산업군의 최근 기사를 검색하여 기억한다.

　　　• 면접 전 1주일간 이슈가 되는 뉴스를 기억하고 자신의 생각을 반영하여 정리한다.

　　　• 찬반토론에 대비한 주제를 목록으로 정리하여 자신의 논리를 내세운 예상답변을 작성한다.

　　㉡ 면접장에서 유념할 사항

　　　• 질문의 의도 파악 : 답변을 할 때에는 질문 의도를 파악하고 그에 충실한 답변이 될 수 있도록 질문사항을 유념해야 한다. 많은 지원자가 하는 실수 중 하나로 답변을 하는 도중 자기 말에 심취되어 질문의 의도와 다른 답변을 하거나 자신이 알고 있는 지식만을 나열하는 경우가 있는데, 이럴 경우 의사소통능력이 부족한 사람으로 인식될 수 있으므로 주의하도록 한다.

　　　• 답변은 두괄식 : 답변을 할 때에는 두괄식으로 결론을 먼저 말하고 그 이유를 설명하는 것이 좋다. 미괄식으로 답변을 할 경우 용두사미의 답변이 될 가능성이 높으며, 결론을 이끌어 내는 과정에서 논리성이 결여될 우려가 있다. 또한 면접관이 결론을 듣기 전에 말을 끊고 다른 질문을 추가하는 예상치 못한 상황이 발생될 수 있으므로 답변은 자신이 전달하고자 하는 바를 먼저 밝히고 그에 대한 설명을 하는 것이 좋다.

- 지원한 회사의 기업정신과 인재상을 기억 : 답변을 할 때에는 회사가 원하는 인재라는 인상을 심어 주기 위해 지원한 회사의 기업정신과 인재상 등을 염두에 두고 답변을 하는 것이 좋다. 모든 회사에 해당되는 두루뭉술한 답변보다는 지원한 회사에 맞는 맞춤형 답변을 하는 것이 좋다.
- 나보다는 회사와 사회적 관점에서 답변 : 답변을 할 때에는 자기중심적인 관점을 피하고 좀 더 넓은 시각으로 회사와 국가, 사회적 입장까지 고려하는 인재임을 어필하는 것이 좋다. 자기중심적 시각을 바탕으로 자신의 출세만을 위해 회사에 입사하려는 인상을 심어줄 경우 면접에서 불이익을 받을 가능성이 높다.
- 난처한 질문은 정직한 답변 : 난처한 질문에 답변을 해야 할 때에는 피하기보다는 정면 돌파로 정직하고 솔직하게 답변하는 것이 좋다. 난처한 부분을 감추고 드러내지 않으려 회피하려는 지원자의 모습은 인사담당자에게 입사 후에도 비슷한 상황에 처했을 때 회피할 수도 있다는 우려를 심어줄 수 있다. 따라서 직장생활에 있어 중요한 덕목 중 하나인 정직을 바탕으로 솔직하게 답변을 하도록 한다.

(2) 면접의 종류 및 준비 전략

① 인성면접

　㉠ 면접 방식 및 판단기준

- 면접 방식 : 인성면접은 면접관이 가지고 있는 개인적 면접 노하우나 관심사에 의해 질문을 실시한다. 주로 입사지원서나 자기소개서의 내용을 토대로 지원동기, 과거의 경험, 미래 포부 등을 이야기하도록 하는 방식이다.
- 판단기준 : 면접관의 개인적 가치관과 경험, 해당 역량의 수준, 경험의 구체성·진실성 등

　㉡ 특징 : 인성면접은 그 방식으로 인해 역량과 무관한 질문들이 많고 지원자에게 주어지는 면접질문, 시간 등이 다를 수 있다. 또한 입사지원서나 자기소개서의 내용을 토대로 하기 때문에 지원자별 질문이 달라질 수 있다.

ⓒ 예시 문항 및 준비전략

• 예시 문항

> • 3분 동안 자기소개를 해 보십시오.
> • 자신의 장점과 단점을 말해 보십시오.
> • 학점이 좋지 않은데 그 이유가 무엇입니까?
> • 최근에 인상 깊게 읽은 책은 무엇입니까?
> • 회사를 선택할 때 중요시하는 것은 무엇입니까?
> • 일과 개인생활 중 어느 쪽을 중시합니까?
> • 10년 후 자신은 어떤 모습일 것이라고 생각합니까?
> • 휴학 기간 동안에는 무엇을 했습니까?

• 준비전략 : 인성면접은 입사지원서나 자기소개서의 내용을 바탕으로 하는 경우가 많으므로 자신이 작성한 입사지원서와 자기소개서의 내용을 충분히 숙지하도록 한다. 또한 최근 사회적으로 이슈가 되고 있는 뉴스에 대한 견해를 묻거나 시사상식 등에 대한 질문을 받을 수 있으므로 이에 대한 대비도 필요하다. 자칫 부담스러워 보이지 않는 질문으로 가볍게 대답하지 않도록 주의하고 모든 질문에 입사 의지를 담아 성실하게 답변하는 것이 중요하다.

② 발표면접

㉠ 면접 방식 및 판단기준

• 면접 방식 : 지원자가 특정 주제와 관련된 자료를 검토하고 그에 대한 자신의 생각을 면접관 앞에서 주어진 시간 동안 발표하고 추가 질의를 받는 방식으로 진행된다.

• 판단기준 : 지원자의 사고력, 논리력, 문제해결력 등

㉡ 특징 : 발표면접은 지원자에게 과제를 부여한 후, 과제를 수행하는 과정과 결과를 관찰·평가한다. 따라서 과제수행 결과뿐 아니라 수행과정에서의 행동을 모두 평가할 수 있다.

ⓒ 예시 문항 및 준비전략

• 예시 문항

[신입사원 조기 이직 문제]

※ 지원자는 아래에 제시된 자료를 검토한 뒤, 신입사원 조기 이직의 원인을 크게 3가지로 정리하고 이에 대한 구체적인 개선안을 도출하여 발표해 주시기 바랍니다.

※ 본 과제에 정해진 정답은 없으나 논리적 근거를 들어 개선안을 작성해 주십시오.

• A기업은 동종업계 유사기업들과 비교해 볼 때, 비교적 높은 재무안정성을 유지하고 있으며 업무강도가 그리 높지 않은 것으로 외부에 알려져 있음.
• 최근 조사결과, 동종업계 유사기업들과 연봉을 비교해 보았을 때 연봉 수준도 그리 나쁘지 않은 편이라는 것이 확인되었음.
• 그러나 지난 3년간 1~2년차 직원들의 이직률이 계속해서 증가하고 있는 추세이며, 경영진 회의에서 최우선 해결과제 중 하나로 거론되었음.
• 이에 따라 인사팀에서 현재 1~2년차 사원들을 대상으로 개선되어야 하는 A기업의 조직문화에 대한 설문조사를 실시한 결과, '상명하복식의 의사소통'이 36.7%로 1위를 차지했음.
• 이러한 설문조사와 함께, 신입사원 조기 이직에 대한 원인을 분석한 결과 파랑새 증후군, 셀프홀릭 증후군, 피터팬 증후군 등 3가지로 분류할 수 있었음.

〈동종업계 유사기업들과의 연봉 비교〉　〈우리 회사 조직문화 중 개선되었으면 하는 것〉

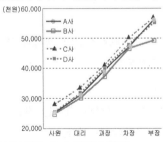 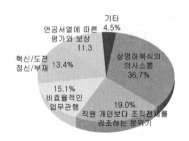

〈신입사원 조기 이직의 원인〉

• 파랑새 증후군
–현재의 직장보다 더 좋은 직장이 있을 것이라는 막연한 기대감으로 끊임없이 새로운 직장을 탐색함.
–학력 수준과 맞지 않는 '하향지원', 전공과 적성을 고려하지 않고 일단 취업하고 보자는 '묻지마 지원'이 파랑새 증후군을 초래함.

• 셀프홀릭 증후군
–본인의 역량에 비해 가치가 낮은 일을 주로 하면서 갈등을 느낌.

• 피터팬 증후군
–기성세대의 문화를 무조건 수용하기보다는 자유로움과 변화를 추구함.
–상명하복, 엄격한 규율 등 기성세대가 당연시하는 관행에 거부감을 가지며 직장에 답답함을 느낌.

- 준비전략 : 발표면접의 시작은 과제 안내문과 과제 상황, 과제 자료 등을 정확하게 이해하는 것에서 출발한다. 과제 안내문을 침착하게 읽고 제시된 주제 및 문제와 관련된 상황의 맥락을 파악한 후 과제를 검토한다. 제시된 기사나 그래프 등을 충분히 활용하여 주어진 문제를 해결할 수 있는 해결책이나 대안을 제시하며, 발표를 할 때에는 명확하고 자신 있는 태도로 전달할 수 있도록 한다.

③ 토론면접

ㄱ) 면접 방식 및 판단기준

- 면접 방식 : 상호갈등적 요소를 가진 과제 또는 공통의 과제를 해결하는 내용의 토론 과제를 제시하고, 그 과정에서 개인 간의 상호작용 행동을 관찰하는 방식으로 면접이 진행된다.
- 판단기준 : 팀워크, 적극성, 갈등 조정, 의사소통능력, 문제해결능력 등

ㄴ) 특징 : 토론을 통해 도출해 낸 최종안의 타당성도 중요하지만, 결론을 도출해 내는 과정에서의 의사소통능력이나 갈등상황에서 의견을 조정하는 능력 등이 중요하게 평가되는 특징이 있다.

ㄷ) 예시 문항 및 준비전략

- 예시 문항

  - 군 가산점제 부활에 대한 찬반토론
  - 담뱃값 인상에 대한 찬반토론
  - 비정규직 철폐에 대한 찬반토론
  - 대학의 영어 강의 확대 찬반토론
  - 워크숍 장소 선정을 위한 토론

- 준비전략 : 토론면접은 무엇보다 팀워크와 적극성이 강조된다. 따라서 토론과정에 적극적으로 참여하며 자신의 의사를 분명하게 전달하며, 갈등상황에서 자신의 의견만 내세울 것이 아니라 다른 지원자의 의견을 경청하고 배려하는 모습도 중요하다. 갈등상황을 일목요연하게 정리하여 조정하는 등의 의사소통능력을 발휘하는 것도 좋은 전략이 될 수 있다.

④ 상황면접

ㄱ) 면접 방식 및 판단기준

- 면접 방식 : 상황면접은 직무 수행 시 접할 수 있는 상황들을 제시하고, 그러한 상황에서 어떻게 행동할 것인지를 이야기하는 방식으로 진행된다.
- 판단기준 : 해당 상황에 적절한 역량의 구현과 구체적 행동지표

ⓒ 특징 : 실제 직무 수행 시 접할 수 있는 상황들을 제시하므로 입사 이후 지원자의 업무수행능력을 평가하는 데 적절한 면접 방식이다. 또한 지원자의 가치관, 태도, 사고방식 등의 요소를 통합적으로 평가하는 데 용이하다.

ⓒ 예시 문항 및 준비전략

• 예시 문항

> 당신은 생산관리팀의 팀원으로, 생산팀이 기한에 맞춰 효율적으로 제품을 생산할 수 있도록 관리하는 역할을 맡고 있습니다. 3개월 뒤에 제품A를 정상적으로 출시하기 위해 생산팀의 생산 계획을 수립한 상황입니다. 그러나 원가가 곧 실적으로 이어지는 구매팀에서는 최대한 원가를 줄여 전반적 단가를 낮추려고 원가절감을 위한 제안을 하였으나, 연구개발팀에서는 구매팀이 제안한 방식으로 제품을 생산할 경우 대부분이 구매팀의 실적으로 산정될 것이므로 제대로 확인도 해보지 않은 채 적합하지 않은 방식이라고 판단하고 있습니다. 당신은 어떻게 하겠습니까?

• 준비전략 : 상황면접은 먼저 주어진 상황에서 핵심이 되는 문제가 무엇인지를 파악하는 것에서 시작한다. 주질문과 세부질문을 통하여 질문의 의도를 파악하였다면, 그에 대한 구체적인 행동이나 생각 등에 대해 응답할수록 높은 점수를 얻을 수 있다.

⑤ 역할면접

ⓐ 면접 방식 및 판단기준

• 면접 방식 : 역할면접 또는 역할연기 면접은 기업 내 발생 가능한 상황에서 부딪히게 되는 문제와 역할을 가상적으로 설정하여 특정 역할을 맡은 사람과 상호작용하고 문제를 해결해 나가도록 하는 방식으로 진행된다. 역할연기 면접에서는 면접관이 직접 역할연기를 하면서 지원자를 관찰하기도 하지만, 역할연기 수행만 전문적으로 하는 사람을 투입할 수도 있다.

• 판단기준 : 대처능력, 대인관계능력, 의사소통능력 등

ⓒ 특징 : 역할면접은 실제 상황과 유사한 가상 상황에서의 행동을 관찰함으로서 지원자의 성격이나 대처 행동 등을 관찰할 수 있다.

ⓒ 예시 문항 및 준비전략

• 예시 문항

> [금융권 역할면접의 예]
> 당신은 ○○은행의 신입 텔러이다. 사람이 많은 월말 오전 한 할아버지(면접관 또는 역할담당자)께서 ○○은행을 사칭한 보이스피싱으로 500만 원을 피해 보았다며 소란을 일으키고 있다. 실제 업무상황이라고 생각하고 상황에 대처해 보시오.

• 준비전략 : 역할연기 면접에서 측정하는 역량은 주로 갈등의 원인이 되는 문제를 해결 하고 제시된 해결방안을 상내방에게 설득하는 것이다. 따라서 갈등해결, 문제해결, 조정ㆍ통합, 실득력과 같은 역량이 중요시된다. 또한 갈등을 해결하기 위해서 상대방에 대한 이해도 필수적인 요소이므로 고객 지향을 염두에 두고 상황에 맞게 대처해야 한다.

역할면접에서는 변별력을 높이기 위해 면접관이 압박적인 분위기를 조성하는 경우가 많기 때문에 스트레스 상황에서 불안해하지 않고 유연하게 대처할 수 있도록 시간과 노력을 들여 충분히 연습 하는 것이 좋다.

2 면접 이미지 메이킹

(1) 성공적인 이미지 메이킹 포인트

① 복장 및 스타일

㉠ 남성

• 양복 : 양복은 단색으로 하며 넥타이나 셔츠로 포인트를 주는 것이 효과적이다. 짙은 회색이나 감청색이 가장 단정하고 품위 있는 인상을 준다.
• 셔츠 : 흰색이 가장 선호되나 자신의 피부색에 맞추는 것이 좋다. 푸른색이나 베이지색은 산뜻한 느낌을 줄 수 있다. 양복과의 배색도 고려하도록 한다.
• 넥타이 : 의상에 포인트를 줄 수 있는 아이템이지만 너무 화려한 것은 피한다. 지원자의 피부색은 물론, 정장과 셔츠의 색을 고려하며, 체격에 따라 넥타이 폭을 조절하는 것이 좋다.
• 구두＆양말 : 구두는 검정색이나 짙은 갈색이 어느 양복에나 무난하게 어울리며 깔끔하게 닦아 준비한다. 양말은 정장과 동일한 색상이나 검정색을 차용한다.
• 헤어스타일 : 머리스타일은 단정한 느낌을 주는 짧은 헤어스타일이 좋으며 앞 머리가 있다면 이마나 눈썹을 가리지 않는 선에서 정리하는 것이 좋다.

ⓒ 여성

- 의상 : 단정한 스커트 투피스 정장이나 슬랙스 슈트가 무난하다. 블랙이나 그레이, 네이비, 브라운 등 차분해 보이는 색상을 선택하는 것이 좋다.
- 소품 : 구두, 핸드백 등은 같은 계열로 코디하는 것이 좋으며 구두는 너무 화려한 디자인이나 굽이 높은 것을 피한다. 스타킹은 의상과 구두에 맞춰 단정한 것으로 신택한다.
- 액세서리 : 액세서리는 너무 크거나 화려한 것은 좋지 않으며 과하게 많이 하는 것도 좋은 인상을 주지 못한다. 착용하지 않거나 작고 깔끔한 디자인으로 포인트를 주는 정도가 적당하다.
- 메이크업 : 화장은 자연스럽고 밝은 이미지를 표현하는 것이 좋으며 진한 색조는 인상이 강해 보일 수 있으므로 피한다.
- 헤어스타일 : 커트나 단발처럼 짧은 머리는 활동적이면서도 단정한 이미지를 줄 수 있도록 정리한다. 긴 머리의 경우 하나로 묶거나 단정한 머리망으로 정리하는 것이 좋으며, 짙은 염색이나 화려한 웨이브는 피한다.

② 인사

ⓐ 인사의 의미 : 인사는 예의범절의 기본이며 상대방의 마음을 여는 기본적인 행동이라고 할 수 있다. 인사는 처음 만나는 면접관에게 호감을 살 수 있는 가장 쉬운 방법이 될 수 있기도 하지만 제대로 예의를 지키지 않으면 지원자의 인성 전반에 대한 평가로 이어질 수 있으므로 각별히 주의해야 한다.

ⓑ 인사의 핵심 포인트

- 인사말 : 인사말을 할 때에는 밝고 친근감 있는 목소리로 하며, 자신의 이름과 수험번호 등을 간략하게 소개한다.
- 시선 : 인사는 상대방의 눈을 보며 하는 것이 중요하며 너무 빤히 쳐다본다는 느낌이 들지 않도록 주의한다.
- 표정 : 인사는 마음에서 우러나오는 존경이나 반가움을 표현하고 예의를 차리는 것이므로 살짝 미소를 지으며 하는 것이 좋다.
- 자세 : 인사를 할 때에는 가볍게 목만 숙인다거나 흐트러진 상태에서 인사를 하지 않도록 주의하며 절도 있고 확실하게 하는 것이 좋다.

③ 시선처리와 표정, 목소리

　㉠ 시선처리와 표정 : 표정은 면접에서 지원사의 첫인상을 결성하는 중요한 요소이다. 얼굴표정은 사람의 감정을 가장 잘 표현할 수 있는 의사소통 도구로 표정 하나로 상대방에게 호감을 주거나, 비호감을 사기도 한다. 호감이 가는 인상의 특징은 부드러운 눈썹, 자연스러운 미간, 적당히 볼록한 광대, 올라간 입 꼬리 등으로 가볍게 미소를 지을 때의 표정과 일치한다. 따라서 면접 중에는 밝은 표정으로 미소를 지어 호감을 형성할 수 있도록 한다. 시선은 면접관과 고르게 맞추되 생기 있는 눈빛을 띄도록 하며, 너무 빤히 쳐다본다는 인상을 주지 않도록 한다.

　㉡ 목소리 : 면접은 주로 면접관과 지원자의 대화로 이루어지므로 목소리가 미치는 영향이 상당하다. 답변을 할 때에는 부드러우면서도 활기차고 생동감 있는 목소리로 하는 것이 면접관에게 호감을 줄 수 있으며 적당한 제스처가 더해진다면 상승효과를 얻을 수 있다. 그러나 적절한 답변을 하였음에도 불구하고 콧소리나 날카로운 목소리, 자신감 없는 작은 목소리는 답변의 신뢰성을 떨어뜨릴 수 있으므로 주의하도록 한다.

④ 자세

　㉠ 걷는 자세
　　• 면접장에 입실할 때에는 상체를 곧게 유지하고 발끝은 평행이 되게 하며 무릎을 스치듯 11자로 걷는다.
　　• 시선은 정면을 향하고 턱은 가볍게 당기며 어깨나 엉덩이가 흔들리지 않도록 주의한다.
　　• 발바닥 전체가 닿는 느낌으로 안정감 있게 걸으며 발소리가 나지 않도록 주의한다.
　　• 보폭은 어깨넓이만큼이 적당하지만, 스커트를 착용했을 경우 보폭을 줄인다.
　　• 걸을 때도 미소를 유지한다.

　㉡ 서있는 자세
　　• 몸 전체를 곧게 펴고 가슴을 자연스럽게 내민 후 등과 어깨에 힘을 주지 않는다.
　　• 정면을 바라본 상태에서 턱을 약간 당기고 아랫배에 힘을 주어 당기며 바르게 선다.
　　• 양 무릎과 발뒤꿈치는 붙이고 발끝은 11자 또는 V형을 취한다.
　　• 남성의 경우 팔을 자연스럽게 내리고 양손을 가볍게 쥐어 바지 옆선에 붙이고, 여성의 경우 공수 자세를 유지한다.

ⓒ 앉은 자세

• 남성

> • 의자 깊숙이 앉고 등받이와 등 사이에 주먹 1개 정도의 간격을 두며 기대듯 앉지 않도록 주의한다. (남녀 공통 사항)
> • 무릎 사이에 주먹 2개 정도의 간격을 유지하고 발끝은 11자를 취한다.
> • 시선은 정면을 바라보며 턱은 가볍게 당기고 미소를 짓는다. (남녀 공통 사항)
> • 양손은 가볍게 주먹을 쥐고 무릎 위에 올려놓는다.
> • 앉고 일어날 때에는 자세가 흐트러지지 않도록 주의한다. (남녀 공통 사항)

• 여성

> • 스커트를 입었을 경우 왼손으로 뒤쪽 스커트 자락을 누르고 오른손으로 앞쪽 자락을 누르며 의자에 앉는다.
> • 무릎은 붙이고 발끝을 가지런히 한다.
> • 양손을 모아 무릎 위에 모아 놓으며 스커트를 입었을 경우 스커트 위를 가볍게 누르듯이 올려놓는다.

(2) 면접 예절

① 행동 관련 예절

ㄱ 지각은 절대금물 : 시간을 지키는 것은 예절의 기본이다. 지각을 할 경우 면접에 응시할 수 없거나, 면접 기회가 주어지더라도 불이익을 받을 가능성이 높아진다. 따라서 면접장소가 결정되면 교통편과 소요시간을 확인하고 가능하다면 사전에 미리 방문해 보는 것도 좋다. 면접 당일에는 서둘러 출발하여 면접 시간 20~30분 전에 도착하여 회사를 둘러보고 환경에 익숙해지는 것도 성공적인 면접을 위한 요령이 될 수 있다.

ㄴ 면접 대기 시간 : 지원자들은 대부분 면접장에서의 행동과 답변 등으로만 평가를 받는다고 생각하지만 그렇지 않다. 면접관이 아닌 면접진행자 역시 대부분 인사실무자이며 면접관이 면접 후 지원자에 대한 평가에 있어 확신을 위해 면접진행자의 의견을 구한다면 면접진행자의 의견이 당락에 영향을 줄 수 있다. 따라서 면접 대기 시간에도 행동과 말을 조심해야 하며, 면접을 마치고 돌아가는 순간까지도 긴장을 늦춰서는 안 된다. 면접 중 압박적인 질문에 답변을 잘 했지만, 면접장을 나와 흐트러진 모습을 보이거나 욕설을 한다면 면접 탈락의 요인이 될 수 있으므로 주의해야 한다.

ⓒ 입실 후 태도 : 본인의 차례가 되어 호명되면 또렷하게 대답하고 들어간다. 만약 면접장 문이 닫혀
있다면 상대에게 소리가 들릴 수 있을 정도로 노크를 두세 번 한 후 대답을 듣고 나서 들어가야
한다. 문을 여닫을 때에는 소리가 나지 않게 조용히 하며 공손한 자세로 인사한 후 성명과 수험번
호를 말하고 면접관의 지시에 따라 자리에 앉는다. 이 경우 착석하라는 말이 없는데 먼저 의자에
앉으면 무례한 사람으로 보일 수 있으므로 주의한다. 의자에 앉을 때에는 끝에 앉지 말고 무릎 위
에 양손을 가지런히 얹는 것이 예절이라고 할 수 있다.

ⓔ 옷매무새를 자주 고치지 마라. : 일부 지원자의 경우 옷매무새 또는 헤어스타일을 자주 고치거나 확
인하기도 하는데 이러한 모습은 과도하게 긴장한 것 같아 보이거나 면접에 집중하지 못하는 것으
로 보일 수 있다. 남성 지원자의 경우 넥타이를 자꾸 고쳐 맨다거나 정장 상의 끝을 너무 자주 만
지작거리지 않는다. 여성 지원자는 머리를 계속 쓸어 올리지 않고, 특히 짧은 치마를 입고서 신경
이 쓰여 치마를 끌어 내리는 행동은 좋지 않다.

ⓜ 다리를 떨거나 산만한 시선은 면접 탈락의 지름길 : 자신도 모르게 다리를 떨거나 손가락을 만지는
등의 행동을 하는 지원자가 있는데, 이는 면접관의 주의를 끌 뿐만 아니라 불안하고 산만한 사람
이라는 느낌을 주게 된다. 따라서 가능한 한 바른 자세로 앉아 있는 것이 좋다. 또한 면접관과 시
선을 맞추지 못하고 여기저기 둘러보는 듯한 산만한 시선은 지원자가 거짓말을 하고 있다고 여겨
지거나 신뢰할 수 없는 사람이라고 생각될 수 있다.

② 답변 관련 예절

ⓐ 면접관이나 다른 지원자와 가치 논쟁을 하지 않는다. : 질문을 받고 답변하는 과정에서 면접관 또는
다른 지원자의 의견과 다른 의견이 있을 수 있다. 특히 평소 지원자가 관심이 많은 문제이거나 잘
알고 있는 문제인 경우 자신과 다른 의견에 대해 이의가 있을 수 있다. 하지만 주의할 것은 면접
에서 면접관이나 다른 지원자와 가치 논쟁을 할 필요는 없다는 것이며 오히려 불이익을 당할 수
도 있다. 정답이 정해져 있지 않은 경우에는 가치관이나 성장배경에 따라 문제를 받아들이는 태도
에서 답변까지 충분히 차이가 있을 수 있으므로 굳이 면접관이나 다른 지원자의 가치관을 지적하
고 고치려 드는 것은 좋지 않다.

ⓑ 답변은 항상 정직해야 한다. : 면접이라는 것이 아무리 지원자의 장점을 부각시키고 단점을 축소시
키는 것이라고 해도 절대로 거짓말을 해서는 안 된다. 거짓말을 하게 되면 지원자는 불안하거나
꺼림칙한 마음이 들게 되어 면접에 집중을 하지 못하게 되고 수많은 지원자를 상대하는 면접관은
그것을 놓치지 않는다. 거짓말은 그 지원자에 대한 신뢰성을 떨어뜨리며 이로 인해 다른 스펙이
아무리 훌륭하다고 해도 채용에서 탈락하게 될 수 있음을 명심하도록 한다.

ⓒ 경력직을 경우 전 직장에 대해 험담하지 않는다. : 지원자가 전 직장에서 무슨 업무를 담당했고 어떤 성과를 올렸는지는 면접관이 관심을 둘 사항일 수 있지만, 이전 직장의 기업문화나 상사들이 어땠는지는 그다지 궁금해 하는 사항이 아니다. 전 직장에 대해 험담을 늘어놓는다든가, 동료와 상사에 대한 악담을 하게 된다면 오히려 지원자에 대한 부정적인 이미지만 심어줄 수 있다. 만약 전 직장에 대한 말을 해야 할 경우가 생긴다면 가능한 한 객관적으로 이야기하는 것이 좋다.

ⓔ 자기 자신이나 배경에 대해 자랑하지 않는다. : 자신의 성취나 부모 형제 등 집안사람들이 사회·경제적으로 어떠한 위치에 있는지에 대한 자랑은 면접관으로 하여금 지원자에 대해 오만한 사람이거나 배경에 의존하려는 나약한 사람이라는 이미지를 갖게 할 수 있다. 따라서 자기 자신이나 배경에 대해 자랑하지 않도록 하고, 자신이 한 일에 대해서 너무 자세하게 얘기하지 않도록 주의해야 한다.

3 면접 질문 및 답변 포인트

(1) 가족 및 대인관계에 관한 질문

① 당신의 가정은 어떤 가정입니까?

면접관들은 지원자의 가정환경과 성장과정을 통해 지원자의 성향을 알고 싶어 이와 같은 질문을 한다. 비록 가정 일과 사회의 일이 완전히 일치하는 것은 아니지만 '가화만사성'이라는 말이 있듯이 가정이 화목해야 사회에서도 화목하게 지낼 수 있기 때문이다. 그러므로 답변 시에는 가족사항을 정확하게 설명하고 집안의 분위기와 특징에 대해 이야기하는 것이 좋다.

② 친구 관계에 대해 말해 보십시오.

지원자의 인간성을 판단하는 질문으로 교우관계를 통해 답변자의 성격과 대인관계능력을 파악할 수 있다. 새로운 환경에 적응을 잘하여 새로운 친구들이 많은 것도 좋지만, 깊고 오래 지속되어온 인간관계를 말하는 것이 더욱 바람직하다.

(2) 성격 및 가치관에 관한 질문

① 당신의 PR포인트를 말해 주십시오.

PR포인트를 말할 때에는 지나치게 겸손한 태도는 좋지 않으며 적극적으로 자기를 주장하는 것이 좋다. 앞으로 입사 후 하게 될 업무와 관련된 자기의 특성을 구체적인 일화를 더하여 이야기하도록 한다.

② 당신의 장·단점을 말해 보십시오.

지원자의 구체적인 장·단점을 알고자 하기 보다는 지원자가 자기 자신에 대해 얼마나 알고 있으며 어느 정도의 객관적인 분석을 하고 있나, 그리고 개선의 노력 등을 시도하는지를 파악하고자 하는 것이다. 따라서 장점을 말할 때는 업무와 관련된 장점을 뒷받침할 수 있는 근거와 함께 제시하며, 단점을 이야기할 때에는 극복을 위한 노력을 반드시 포함해야 한다.

③ 가장 존경하는 사람은 누구입니까?

존경하는 사람을 말하기 위해서는 우선 그 인물에 대해 알아야 한다. 잘 모르는 인물에 대해 존경한다고 말하는 것은 면접관에게 바로 지적당할 수 있으므로, 추상적이라도 좋으니 평소에 존경스럽다고 생각했던 사람에 대해 그 사람의 어떤 점이 좋고 존경스러운지 대답하도록 한다. 또한 자신에게 어떤 영향을 미쳤는지도 언급하면 좋다.

(3) 학교생활에 관한 질문

① 지금까지의 학교생활 중 가장 기억에 남는 일은 무엇입니까?

가급적 직장생활에 도움이 되는 경험을 이야기하는 것이 좋다. 또한 경험만을 간단하게 말하지 말고 그 경험을 통해서 얻을 수 있었던 교훈 등을 예시와 함께 이야기하는 것이 좋으나 너무 상투적인 답변이 되지 않도록 주의해야 한다.

② 성적은 좋은 편이었습니까?

면접관은 이미 서류심사를 통해 지원자의 성적을 알고 있다. 그럼에도 불구하고 이 질문을 하는 것은 지원자가 성적에 대해서 어떻게 인식하느냐를 알고자 하는 것이다. 성적이 나빴던 이유에 대해서 변명하려 하지 말고 담백하게 받아드리고 그것에 대한 개선노력을 했음을 밝히는 것이 적절하다.

③ 학창시절에 시위나 집회 등에 참여한 경험이 있습니까?

기업에서는 노사분규를 기업의 사활이 걸린 중대한 문제로 인식하고 거시적인 차원에서 접근한다. 이러한 기업문화를 제대로 인식하지 못하여 학창시절의 시위나 집회 참여 경험을 자랑스럽게 답변할 경우 감점요인이 되거나 심지어는 탈락할 수 있다는 사실에 주의한다. 시위나 집회에 참가한 경험을 말할 때에는 타당성과 정도에 유의하여 답변해야 한다.

(4) 지원동기 및 직업의식에 관한 질문

① 왜 우리 회사를 지원했습니까?

이 질문은 어느 회사나 가장 먼저 물어보고 싶은 것으로 지원자들은 기업의 이념, 대표의 경영능력, 재무구조, 복리후생 등 외적인 부분을 설명하는 경우가 많다. 이러한 답변도 적절하지만 지원 회사의 주력 상품에 관한 소비자의 인지도, 경쟁사 제품과의 시장점유율을 비교하면서 입사동기를 설명한다면 상당히 주목 받을 수 있을 것이다.

② 만약 이번 채용에 불합격하면 어떻게 하겠습니까?

불합격할 것을 가정하고 회사에 응시하는 지원자는 거의 없을 것이다. 이는 지원자를 궁지로 몰아넣고 어떻게 대응하는지를 살펴보며 입사 의지를 알아보려고 하는 것이다. 이 질문은 너무 깊이 들어가지 말고 침착하게 답변하는 것이 좋다.

③ 당신이 생각하는 바람직한 사원상은 무엇입니까?

직장인으로서 또는 조직의 일원으로서의 자세를 묻는 질문으로 지원하는 회사에서 어떤 인재상을 요구하는 가를 알아두는 것이 좋으며, 평소에 자신의 생각을 미리 정리해 두어 당황하지 않도록 한다.

④ 직무상의 적성과 보수의 많음 중 어느 것을 택하겠습니까?

이런 질문에서 회사 측에서 원하는 답변은 당연히 직무상의 적성에 비중을 둔다는 것이다. 그러나 적성만을 너무 강조하다 보면 오히려 솔직하지 못하다는 인상을 줄 수 있으므로 어느 한 쪽을 너무 강조하거나 경시하는 태도는 바람직하지 못하다.

⑤ 상사와 의견이 다를 때 어떻게 하겠습니까?

과거와 다르게 최근에는 상사의 명령에 무조건 따르겠다는 수동적인 자세는 바람직하지 않다. 회사에서는 때에 따라 자신이 판단하고 행동할 수 있는 직원을 원하기 때문이다. 그러나 지나치게 자신의 의견만을 고집한다면 이는 팀원 간의 불화를 야기할 수 있으며 팀 체제에 악영향을 미칠 수 있으므로 선호하지 않는다는 것에 유념하여 답해야 한다.

⑥ 근무지가 지방인데 근무가 가능합니까?

근무지가 지방 중에서도 특정 지역은 되고 다른 지역은 안 된다는 답변은 바람직하지 않다. 직장에서는 순환 근무라는 것이 있으므로 처음에 지방에서 근무를 시작했다고 해서 계속 지방에만 있는 것은 아님을 유의하고 답변하도록 한다.

(5) 지원자를 당황하게 하는 질문

① 성적이 좋지 않은데 이 정도의 성적으로 우리 회사에 입사할 수 있다고 생각합니까?

비록 자신의 성적이 좋지 않더라도 이미 서류심사에 통과하여 면접에 참여하였다면 기업에서는 지원자의 성적보다 성적 이외의 요소, 즉 성격·열정 등을 높이 평가했다는 것이라고 할 수 있다. 그러나 이런 질문을 받게 되면 지원자는 당황할 수 있으나 주눅 들지 말고 침착하게 대처하는 면모를 보인다면 더 좋은 인상을 남길 수 있다.

② 우리 회사 회장님 함자를 알고 있습니까?

회장이나 사장의 이름을 조사하는 것은 면접일을 통고받았을 때 이미 사전 조사되어있어야 하는 사항이다. 단답형으로 이름만 말하기보다는 그 기업에 입사를 희망하는 지원자의 입장에서 답변하는 것이 좋다.

③ 당신은 이 회사에 적합하지 않은 것 같군요.

이 질문은 지원자의 입장에서 상당히 곤혹스러울 수밖에 없다. 질문을 듣는 순간 그렇다면 면접은 왜 참가시킨 것인가 하는 생각이 들 수도 있다. 하지만 당황하거나 흥분하지 말고 침착하게 자신의 어떤 면이 회사에 적당하지 않는지 겸손하게 물어보고 지적당한 부분에 대해서 고치겠다는 의지를 보인다면 오히려 자신의 능력을 어필할 수 있는 기회로 사용할 수도 있다.

④ 다시 공부할 계획이 있습니까?

이 질문은 지원자가 합격하여 직장을 다니다가 공부를 더 하기 위해 회사를 그만 두거나 학습에 더 관심을 두어 일에 대한 능률이 저하될 것을 우려하여 묻는 것이다. 이때에는 당연히 학습보다는 일을 강조해야 하며, 업무 수행에 필요한 학습이라면 업무에 지장이 없는 범위에서 야간학교를 다니거나 회사에서 제공하는 연수 프로그램 등을 활용하겠다고 답변하는 것이 적당하다.

⑤ 지원한 분야가 전공한 분야와 다른데 여기 일을 할 수 있겠습니까?

수험생의 입장에서 본다면 지원한 분야와 전공이 다르지만 서류전형과 필기전형에 합격하여 면접을 보게 된 경우라고 할 수 있다. 이는 결국 해당 회사의 채용 방침상 전공에 크게 영향을 받지 않는다는 것이므로 무엇보다 자신이 전공하지는 않았지만 어떤 업무도 적극적으로 임할 수 있다는 자신감과 능동적인 자세를 보여주도록 노력하는 것이 좋다.

면접기출

1 BEI면접

⑥ 대우건설의 핵심가치에 비추어 자신의 경험을 이야기해보세요.

⑦ 능력치보다 높은 목표를 설정해서 어떠한 일을 수행해본 경험이 있습니까?

⑧ 자본이 부족했던 상황에서 프로젝트를 해본 경험이 있습니까?

⑨ 의도하지 않은 상황에서 리더가 되어 팀을 이끌어본 경험이 있습니까?

⑩ 이 시대가 빠르게 변화하고 있다는 것을 체감했을 때는 언제이고 어떻게 했습니까?

⑪ 자신이 무엇을 하고 싶어서 특별한 기술 등을 배운 경험이 있습니까?

⑫ 남들이 시켜서 억지로 한 일이 있습니까?

⑬ 자신을 희생하면서 그룹의 구성원들에게 무엇인가를 제공한 경험과 그로써 느낀 점

⑭ 지원동기는 무엇입니까?

⑮ 대우건설 입사를 위해 어떠한 노력을 하였습니까?

⑯ 대우건설하면 떠오르는 이미지는 무엇입니까?

⑰ 조경분야에 지원하였는데 좋아하는 나무는 무엇입니까?

⑱ 살아오면서 가장 잘했다고 생각되는 일은 무엇입니까?

2 BC면접

① 시공현장 혁신 가속화 방안

② 친환경 건축을 해야 하는 이유

③ 폐기물 활용 방안

④ 고령화 사회에 따른 건설사의 대응 방안

⑤ 요즘 문제가 되고 있는 층간소음에 대한 분석과 해결방안

⑥ 지속가능한 노후 공동주택의 리모델링 방안

⑦ 비주거용 건축물의 리모델링 시장과 경쟁력 얻기 위한 방안

상식 용어사전 시리즈

합격GO!

📖 빈출 일반상식

공기업/공공기관 채용시험 일반상식에서 자주 나오는 빈출문항을 정리하여 수록한 교재! 한 권으로 일반상식 시험 준비 마무리 하자!

📖 중요한 용어만 한눈에 보는 시사용어사전 1152

매일 접하는 각종 기사와 정보 속에서 현대인이 놓치기 쉬운, 그러나 꼭 알아야 할 최신 시사상식을 쏙쏙 뽑아 이해하기 쉽도록 정리했다!

📖 중요한 용어만 한눈에 보는 경제용어사전 1007

주요 경제용어는 거의 다 실었다! 경제가 쉬워지는 책, 경제용어사전!

📖 중요한 용어만 한눈에 보는 부동산용어사전 1300

부동산에 대한 이해를 높이고 부동산의 개발과 활용, 투자 및 부동산 용어 학습에도 적극적으로 이용할 수 있는 부동산용어사전!

자격증
기출문제
총집합!

자격증 별로 정리된
기출문제로 깔끔하게 합격하자!

기출문제로 자격증 시험 준비하자!

스포츠지도사, 손해사정사, 손해평가사, 농산물품질관리사, 수산물품질관리사, 관광통역안내사,
국내여행안내사, 보세사, 건축기사, 토목기사